親が知っておきたい大切なこと 1

自分から片づけるようになる 整理整頓

監修
一般社団法人
親・子の片づけ教育研究所 理事
橋口真樹子
マンガ・イラスト
すぎやまえみこ

旺文社

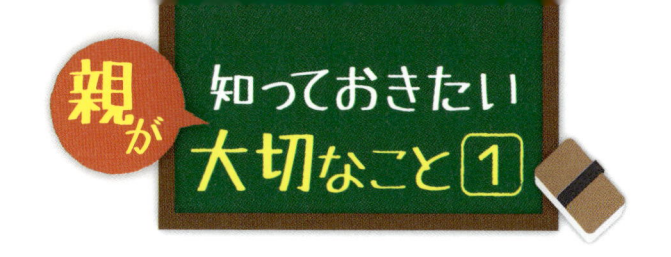

はじめに

はじめまして。親・子の片づけ教育研究所の橋口真樹子です。

私は個人宅のお片づけサービスの経験をもとに、家庭内の片づけを上手にリードできる「親・子の片づけインストラクター」認定講座を仲間とつくりあげ、認定講師たちとともに悩める親御さん向けに展開しています。

受講生のほとんどは、片づけられない我が子に悩むお母さん。子どもとの片づけバトルにイライラし、落ち込んでいた彼女たちは、たった一日学んだだけでうまくいかなかった理由に気づき、これからできることをたくさん発見し、晴れやかな笑顔でお子さんのもとへ帰られます。

後日、「子どもが片づけてくれました！」のご報告をいただくのは、いちばんうれしい瞬間です。この本では、そんな講座のエッセンスをたっぷりおすそ分けいたします。

子どもとの暮らしには怒る理由がてんこもり。「片づけ」もそんなきっかけの一つですね。

雑誌で見かけるモデルルームのような部屋に、すてきな笑顔のママ。

「みんなはこんなにスッキリ暮らしてるの？ 私だって毎日頑張ってるのに、どうしてうちはこんな状態なの？」「本当は私だってガミガミ怒りたいわけじゃない。家族でもっとくつろげるように、スッキリ片づけたいだけなのにー。」

この本は、そんな悩みを抱える親御さんのための一冊です。

決して片づけ好きではない二人の子どもを育て、たくさんのお宅を片づけ、さまざまな年齢の子どもたちのお母さんの悩みを聞いてわかったこと。それは、

「家族で暮らす家の片づけは、子どもとの関わり方が決め手」
ということです。

片づけの本には「片づく仕組み」のルールについてはたくさん書いてあります。自分が片づけるだけなら、仕組みだけでもお部屋はかなりスッキリするでしょう。ですが、子どもという手ごわい相手に動いてほしいなら、「仕組み」を整えるだけでは足りないのです。

子どものやる気のスイッチを押すには、コツがあります。

子どもの気持ちに寄り添い、相手目線に立った仕組みを整え、片づけの声かけや関わり方を、少しだけ見直しましょう。それだけで、ストレスだった片づけがスムーズに進みます。そして、我が子にも実はできていることがたくさんあると気づけたり、これまでと同じ言動を見ても、余裕をもって対応できます。

イヤイヤ期や思春期など、扱いづらいと思っていた年代の子どもとも、良いコミュニケーションがとれるようになるでしょう。

片づけには、子どもが幸せな人生を歩むための「生きる力」がたくさんつまっています。片づけを教えながら子育てという大切なプロジェクトも、同時に進めていけるのです。

怒ったあとで落ち込む日々は、終わりにしましょう。笑顔と笑い声にあふれる子どもとの時間を、片づけでぜひ手に入れてください。

橋口　真樹子

contents

chapter 1

「その気」になる親の関わり方

chapter 2

片づけやすい仕組みづくり

contents

chapter 3 仕組みづくりアイデア

chapter 4

片づけを習慣化するコツ

スタッフ
●編集
大中菜々子
●編集協力
秋野久美子
（株式会社スリーシーズン）／
菅 祐美子
●装丁・本文デザイン
木下春圭
（株式会社ウエイド）
●装丁・本文イラスト
すぎやまえみこ
●組版
株式会社インコムジャパン
●校正
株式会社ぷれす

登場人物紹介

片山家《かたやま》の人たち

片山清香《かたやまきよか》

- 広大と美香の母。
- 片づけられない子どもたち（とパパ）に悩んでいる。

片山広大《かたやまこうだい》

- 小学３年生。
- よく言えば大らか，悪く言えば大ざっぱ…。
- 片づけなんて，意識をしたことがない。

片山美香《かたやまみか》

- 小学１年生。
- こだわり派で，几帳面。
- しまいこみすぎて，ものを捜せないことも。

片山大輔《かたやまだいすけ》

- 広大と美香の父。
- 家事や育児もバッチリと思っている自称イクメン。

ナビゲーター

セイトン

- 片づけのプロにして，バラの愛好家。
- 部屋をキレイにできるコツを教えてくれる。
- なぜだか自由に体のサイズを変えられる!?

プロローグ

終わりなき片づけとの闘い

出がけに痛い目にあったわ…。
まだイタイ…
わかる！私なんてバットにつまずいたわ。
わーーっ!!
見てコレ!!
ゆいちゃんは、しっかり者だから。
ゆいちゃんママ
うらやましい…
うーん…
でも、しょっちゅうどこにあるか聞かれるのよ…。
ママーあれどこーっ？
ドタバタ
あはは…
片づけてって言ってるのに！
しまうところはあるのよ。
げたばこのヨコ
何をどうしたらいいのか…。
こんなふうにとは言わないけど…。
もう少しだけ…。
穏やかに暮らしたい。
せめて花だけ…
カフェ的生活…
まだ痛い
ハアー

お花キレイだったな～。
ただいまー
バラの花あこがれるー
カチャ
ごちゃ
こんな部屋、もうイヤだわ～。
子どもが帰ってきただけで…
へなへな
ムッ
ズブッ
刺さってる！涙も出るわ！
ゴッ
そうだ！4時…。
笑顔のためにレッツ整頓！
ピ
セイトン～。

子ども部屋も
レッツ整頓！
……
スッキリ
子どもは
やらない
やらない。
セイトン
ひとり
暮らしでしょ
セイトンには、
わかんないよ。
それは
どうかな!?
!?
出てる？
僕といっしょに
レッツ整頓！
…!?
出てきた？
小さいけど
子どもがいると
片づかないって
思うでしょ。
え？
え？
え？
スッ
子どもとの
片づけに
それっ
セイトン？
10センチ？
15センチ？

大切な
えっ・えっ・
大切な、何？
スクッ
『仕組みづくり』と『関わり方』があれば大丈夫！
じゃ〜ん
関わり方
仕組みづくり
え〜〜
本当に？
本当に！
バシッ
関わり方
仕組みづくり
それ自分で作ったの？
そうよ♡
くるっ
ふーん
注 セイトンは大きくなったり小さくなったりできる
あのね
私だって、毎日片づけるようにみんなに言ってるわよ。
ごはんだから
早く片づけて!!
ほら〜ランドセル出しっぱなし

いちいち言わなくても片づけてほしいのに。
もとに戻す
理想
いつも私ばっかり。
ガクーン…
…
現実
清香が頑張ってるのは、よく知ってるわ。
セイトン…
…
スッ
だからこそ、『仕組み』と『関わり方』を少し変えてみたら
仕組みづくり
ピシッ
関わり方
パシッ
片づけられるようになるって知ってほしいのよ。
えーと…こちらの方は…？
セイトンさん…？
コロッケ食べる？
コロッケ!?
ママの味方よ。
えー〜ママぁ〜。
ちょっとパパに似てるかも。
…
あ、そう？
コロッケおいしそ♫

chapter 1

「その気」になる親の関わり方

片づけるって、わかってるの？（親の気持ち）

いってきまーす。
マンガ片づけたー？
うん
雑う～!!
ごーちゃ…
あ
これ、ママが片づけるわよ。
人形の服でしょ
え〜〜〜
捨てないでよ！
バレた…
捨てるなんて言ってないよ？
ただいまー。
※帰ってきたっ
パタン
ちゃんと片づけなさい！
ごちゃ
だーかーらー
片づけてーーーっ
♪
まんが
よしよし

片づけてるし、困ってないよ（子どもの気持ち）

ママが怒るから片づけよう…。
ポイ ポイ
まんが
マンガ片づけたー?
終わったよぉ〜。
いってきまーす
あ
これ、ママが片づけるわよ。
あっ、捨てられちゃう!
えーーっ
捨てないでよ!
捨てるなんて言ってないよ?
ただいまー。
帰ってきたっ
ちゃんと片づけなさい!
ちゃんとって…? ちゃんと片づけたのに…。
だーかーらー片づけてーーっ
よしよし
だから片づけてるけど…。
まんが

子どもから見ると、片づけって、どんなもの？

親から見ると散らかっていても
子どもにとっては快適な空間!?
どうして片づけないといけないの？と
思っていることが多いものです。
困ってイライラしているのは親だけで、
子どもには片づける理由がありません。

遊び中
また使う
読みかけ

親と子のギャップ

親は子どもがあとで困るはずだからと片づけを促しますが，「今」困っていない子どもには真意が伝わりません。自分は平気なのに，親の都合で片づけさせられていると感じてしまいます。

算数のノート
忘れちゃった。
忘れもの
なくしもの
時間のロス

子どもの
気持ちに
なってみて。

Point!

整理整頓不足が原因でさまざまな問題が起こるけれど，子どもはそのことに気づいていないのよね。

片づけって，しなくちゃダメなの？

急に自分で片づけるようにって言われても，どうしたら良いかわからない。そもそも片づけってしないといけないの？　そんな子どもの気持ちに目を向けてみましょう。

子どもの気持ち	親の気持ち

親が片づけてくれるはず

今まではいっしょに片づけてくれていたのに，何だか急に助けてくれなくなった…。

自分で片づけて！

小さい頃は手伝ってあげたけど，もう成長したんだから，自分で片づけられるはずよ。

片づけって捨てること？

片づけるって言いながら，「いらないでしょ」って何でも捨てようとするんだもん…。

使ってないから処分してもいいわね

いらないものがあふれているのよね。使ってないんだから，捨てちゃってもいいでしょ。

子どもとの関わり方で目指せ！片づけストレスからの解放

いくら口うるさく言っても
片づけようとしない子どもにガッカリ。
結局、片づけるのは私の役目…。
そんな毎日を変えるのは、ちょっとした
声かけや仕組みづくりの工夫です。
子どもといっしょに見直してみましょう。

怒りたくて
怒って
いるんじゃ…。

「片づけて」が伝わらない！

「片づけた」と子どもが言ってきたときを思い出しましょう。移動するだけ，隠すだけ，詰め込むだけのことがありませんか？　子どもは具体的な片づけのやり方を理解していません。

片づけてー
ガッ
はーい
まんが

Point!

「片づけて」と口癖のように言っていないかしら？　ただそう繰り返すだけだと，子どもは何をどうすればいいか，わからないわ。

そんなに
言わなく
ても…。

片づけがストレスなのは私だけ？

散らかっていると，家事の効率が悪い，ものの場所を聞かれることが多いなど，家事をする人の負担が大きくなり，イライラの原因にもなります。

子どもの気持ち

捜さなくても聞けばわかる

ママは何でも知っているから，聞けばわかるし大丈夫！

言われた通りに片づけたのに

「片づけて」って言うから，やったのに…。せっかく片づけても怒るからイヤになるな。

親の気持ち

自分で管理してほしい

何でも私に聞いてくるけれど，私だって忙しいし，自分のものは自分でわかるようにしてよ～。

ちゃんとキレイにして

「片づけて」って言ったら，キレイな部屋にしてほしいってことでしょ？

片づけは，親（家事をする人）には
「自分ごと」でも，子どもには「他人ごと」。
親に言われて仕方なく…ではなく，
子どもが「自分ごと」に思えるように
親がどう関われるのか考えましょ！

ママは怒ってばっかりって言われても。
大人になって困るのは自分たちなのに。
清香は子どものためを思って言ってるのよね。
セイトン…
うんうん
お悩み聞きますよ。
バサッ
わぁー!
よいしょ♡
おいしそう!
ん♡ おいしー♡
で、何にお悩み?
また出しっぱなしっ
何度言っても片づけないし、
結局いつも私が片づけてるし、
もーっ
散らかってると恥ずかしいし…。
中はダメ
ヒュー
そーっ
…

片づけると、どうなります？
これうまっ♡
もぐもぐ
捜さなくていいと、その分たくさん遊べるでしょ？
おやつだって、ごはんだって、すぐ食べられるし、
はーい♪
おやつよー！
あっセイトン!!
おもちゃを掃除機で吸い込んだりしないし、
ずびっ
お友だちに来てもらいやすくなるわね〜。
ねえねえうちにこない？
いいの？
おやつがすぐ？
お友だち呼べるの？
ぱぁー!!
じゃあ、片づける！
まんが
ゲンキンなんだから…。
クッキー全部食べたの？
子どもはメリットが好きなのさ。
ふー♪

子どもにとっての「良いこと」が片づける気持ちを生みます

片づけると
こんなに
良いことが！

大人は、片づけないとあとで困るからと、デメリットを防ぐために動こうとします。
でも、今、困っていない子どもには片づける理由としてピンときません。
子どもは自分にとって「良いこと」があると、やる気につながります。

えいっ
!!

デメリットでは動きづらい

親は子どものためを思って言っているつもりでも，子どもにはピンときていません。子どもが片づけるのは，「お母さんが怒っているから」というネガティブな理由の場合が多いものです。

えー そんなー
早く片づけなさい！
遊ぶ時間が
なくなるよ！

Point!

片づけないと困るというデメリットでは，自分から片づける気持ちになりにくいのよね。

子どもにとっての「良いこと」って何？

片づけのメリットを具体的な事柄でイメージしてみましょう。片づけでうれしいことがあったり，快適になるとわかったりすると，自然にやる気が生まれます。

Point!
うちの子が喜びそうなことは
何かな？って考えてみて！

ポジティブな気持ちが
子どもの原動力になるのよ！

私だって、言いたくないけど…

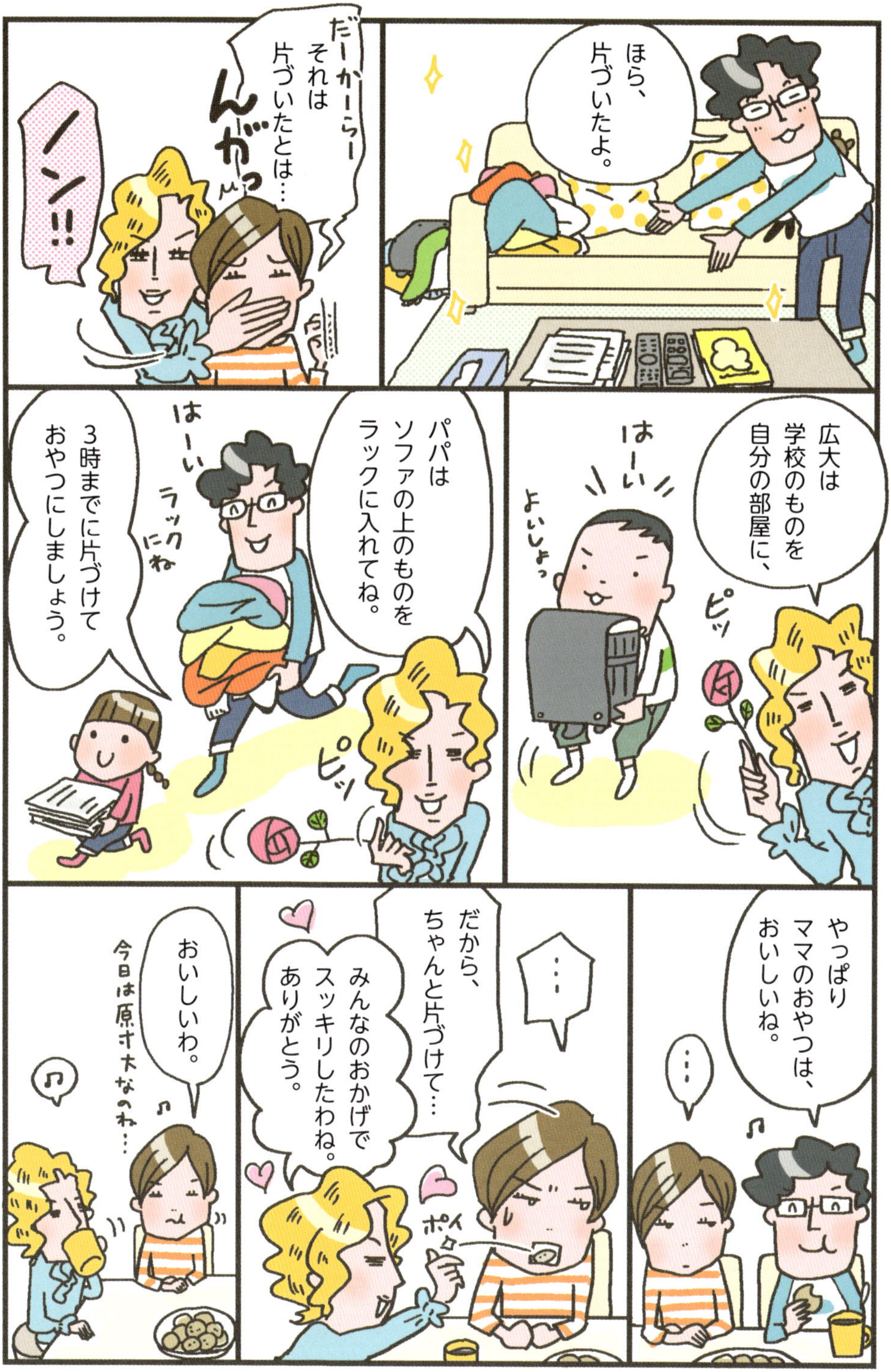
ほら、片づいたよ。
だーかーらー それは片づいたとは…
んがっ
ノン!!
広大は学校のものを自分の部屋に、
はーい
よいしょっ
ピッ
パパはソファの上のものをラックに入れてね。
はーい
ラックにね
3時までに片づけておやつにしましょう。
ピッ
やっぱりママのおやつは、おいしいね。
…
…
だから、ちゃんと片づけて…
みんなのおかげでスッキリしたわね。ありがとう。
ポイッ
おいしいわ。
今日は原寸大なのね…

あの手この手で、片づける気持ちを引き出しましょう

何も言わなくても片づけてくれるのが理想ですが、現実には難しいものです。言い方を間違えると、感情的に反発されることもあります。子どもが「その気」になって気持ちよく取りかかれるように伝えましょう。

ほめる？
頼む？
ゲーム？
誘う？

前向きな表現をする

「片づけないと，テレビは見られないよ」と「片づけたら，テレビを見ようね」。同じことを言っているようで，印象は大きく違います。後ろ向きな表現は避けましょう。

片づけないと
～できないよ。
終わったら
～しようね！
ノンノン
ナイス！

どんなふうに
言おうかな？

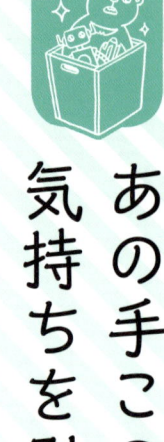

いろいろな伝え方で片づけを促す

シンプルに頼む

「力を貸してほしい」「～してもらえるとうれしい」などと怒らずに伝えるだけで，あっさり片づけられたりするものです。

具体的に伝える

「いつまでに」という時間や，「どこを」という場所をはっきりさせることで，取りかかりやすくなります。

あらかじめ約束する

急に言わず，前もって片づける約束をすると，行動の切り替えがしやすく気持ちの準備ができます。

ゲーム感覚にする

「○分以内に」「歌が終わるまで」「ママ vs 子どもチーム」など，ゲームのようにすると，楽しく取り組めるようになります。

大人に向かって言える？

「片づけないと，～できないよ」は，自分の子どもに向かってだと気軽に言いがちなセリフ。ですが，ママ友など周りの大人にも同じように言えるでしょうか？　脅かすような言い方は，見直したほうが良さそうです。

片づけができたときにこそ、親からの言葉が必要です

片づけた
のに…。

やっと片づけられたのを見届けたら、
そこで安心せずに、声をかけましょう。
親の言葉がいちばん必要なタイミングです。
片づけができたあとのリアクションこそ、
次に子どもが自分から片づけるか
どうかを決める大切なポイントです。

やれやれ…
やっと片づけたわ。
ちょっと
待って！

まずは行動を認めよう

片づけた子どもに「もっと～してほしい」「今度から言われる前にやってね」などと注文をつけるのは NG です。いろいろ言いたい気持ちは抑えて，まずはほめたり感謝したりしましょう。

もっと
キレイに！
えー
ありがとう！
スッキリしたね。
えへへ♪
パチパチ

キャー!!
まずは
ほめて～！
うんうん♪

子どもは認められるとうれしい

感謝の気持ちが伝わるよう，アピールしましょう。気が重い片づけでも，親が喜んでくれると子どもはうれしくなって，また頑張ろうと思えるものです。

ほめる

親のほうでは，片づけて当たり前と思いがちですが，ほめることで子どもは達成感を得られ，次へとつながります。

感謝する

「うれしい！」「ありがとう」は，子どもにストレートに届きます。片づけてくれたことのうれしさを素直に伝えましょう。

びっくりする

驚くことは，「期待以上！」というメッセージになります。

間接的に伝える

本人に直接言わなくても，親は自分が頑張ったことに気づいていると伝わることが大切です。

叱るときは「行動」を

いろいろな方法でアプローチをしたのに，それでもダメだと，つい子どもに感情的に対応してしまうこともあるでしょう。そんなときでも，最低限のルールとして，子どもの「性格」や「性質」ではなく「行動」にコメントをするようにしましょう。

子どもの成長に合わせて関わり方を変えましょう

子どもの成長の大きな流れと
それぞれの時期における親の関わり方を
頭に入れておきましょう。
以下の表にまとめた目安をヒントにしつつ、
目の前のその子自身がどんな段階なのかを
意識したサポートが大切です。

子どもの変化と親の関わり方

親の関わり方のベースとして，「あなたのことを見守っているよ」「必要なときには，サポートするよ」という姿勢を大切にしましょう。

幼児	「自分でできた」をサポート  自分でやってみたいという気持ちが芽生えてきます。少しずつできることが増えていくので，いっしょに喜び，ほめましょう。

幼児

こだわりが強くなる，イヤイヤの時期は，親が気持ちの余裕をもつことが大切です。

小学校低学年

さりげなくリードしながら，いっしょに行う

小学校での新生活のスタートには，親のフォローが大切です。持ちものの準備や宿題など，いっしょに行いましょう。

すぐには自分一人でできるようにならないので，やりやすい方法を提案しながら，寄り添いましょう。

NG

小学生になったのだからと親の目が厳しくなりがちですが，まだまだ自分だけでは判断が難しい時期です。いきなり厳しくしすぎないようにします。

小学校中学年

気持ちや意見を尊重する

言い訳をしたり口答えをしたりするようになります。腹を立てず，話し合うように心がけます。

今までできていたことを面倒くさがるようになります。頭ごなしに注意せず，別の方法を提案するなどしましょう。

小学校高学年

見守りながら自立をフォローする

子どもを尊重しつつも，自立に向けたフォローが求められます。気がかりな点は，言い方に配慮した上で指摘しましょう。

NG

大人と対等に扱われることを望むようになります。小さい子へのほめ方や命令口調は避け，行動を認める言葉をかけましょう。

中学生

思春期の不安定さを受け止める

中学生になると，勉強や部活，塾などで忙しくなります。干渉しすぎず，応援していることが伝わるようにしましょう。

クラブ頑張ってるね。
お疲れ様！

プリント整理のいい方法をいっしょに考えてみようね。

プライバシーを尊重するのも大切ですが，忘れものやプリント管理は学習に影響するので，気になる状態ならうまく伝えてサポートしましょう。

子どもの成長は，個人差がとても大きいもの。
周りの子とではなく，
過去のその子自身と比べることで
ちょっとした成長にも気づけるわよ！
子どもの自尊心を大切にしながら，
できないことを上手に
サポートしていきましょ！

片づけって、何なのさ！

明日はパパとお出かけね。
ねーー♪
楽しみーー♪
翌日ー出発直前
チュンチュン
も〜、まだ準備できてないの!?
ママー帽子は?
あれ?オレの…
ティッシュがない!?
どこだっけ?
カバンは!?
ココ
どこー?
帽子かぶって！
ココ
ママーどこに置いたっけ?
あれ?
どこだっけ…
まだ何か捜してる…。
まいっか
遅くなったな。
決まったところに片づけておかないからよ。

いってらっしゃーい
やれやれ。やっと出かけたわ。
出かけるの遅くなったね。
ママ、片づけ張り切ってるよね。
セイトンが来てから…
片づけって、そんなに大事？
もちろん大事さ。
↑出遅れて渋滞にまきこまれ中…
大人になっても必要な力なんだぞ。
へぇー パパはできるんだー。
あれ？さっき何か捜してなかった？
ギクッ
あれ？これ遊園地の割引券…。
まさかパパ…。
○○ランド★割引券

将来、仕事や家庭で必要な力を片づけが育みます

整理整頓で得られるのは、部屋がキレイになるという目に見える変化だけではありません。どんな場面でも必要になる「決める力」「使いやすくまとめる力」「続ける力」など、いろいろな力が身につきます。

頑張ってー!
続ける力
使いやすくまとめる力
決める力

「決める力」

何をとっておくか，しまう場所をどこにするかなど，片づけには選んだり見極めたりする場面が多くあります。それが自分のことを自分で決められる力の土台となります。

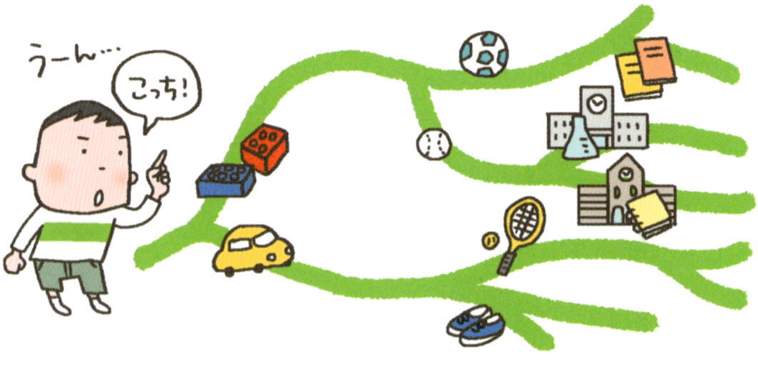

うーん…
こっち!

Point!

成長するにつれ，いろいろな場面で，より大きなことを決める力が必要になるわね。整理整頓を通して，少しずつ身につけましょ！

「使いやすくまとめる力」

自分なりに分類したり，使いやすく工夫したりすることを整理整頓で経験できます。将来的に，状況や環境に応じて考えたり，計画を立てたりする力にもつながります。

Point!

整理整頓には，正解があるわけではないのよね。自分に当てはめて考え，工夫する力を伸ばすことが大切だわ。

「続ける力」

片づいた状態をキープするには，日々の続ける力が大切です。その力がつくと，コツコツ取り組んだり，最後まで頑張りぬいたりすることができるようになります。

Point!

いったんキレイになっても，ものを元に戻すことが習慣化しないとキレイをキープできないわ。そのことが日々続ける力の土台になるのよ。

「生きる力」を育てる

片づけへの親の関わりは，長い目で見ると，子どものさまざまな「生きる力」を育てることにつながります。すぐにできなくてもあせらず，自立した大人になれるよう，成長を気長に見守りながらサポートしましょう。

そろそろ
おやつよ～。
セイトン
せんたくもの
たたむの
上手♪
おやつ!?
またっ…
ポン
すぅ
片づけたら
おやつにしようか。
ね～♪
わかった!
ひょい
ひょい
まとめただけじゃんっ
そうじゃあ
なく…
またすぐ遊べるよう、
この部屋のままでいいけど
箱に入れておいてくれる?
あ、はい。
わたし?
はい
カードケース
ママー
見て、見てー。
うわぁ、
もうできたの!
早い～♡

スッキリしたね☆
えへへ♪
1年生だもん♪
ごはんよー
広大はカードを箱に入れてね。
美香はお人形を棚にしまって。
はーい
ホラ♪
アレアレ♡
5分以内に終わったら、コロッケ追加～☆
よーいどんっ
さささっ
なるほどね。
片づけられたわね!
さすがママさん♡
テヘ♡

なぜ，こんなことに…

片づけミステリー診断

ためこみ度★★★★★

詰め放題…

行方不明度★★★★

ブラックホール？

散らばり度★★★

マーキング!?

コレクター度★★★★★

謎めいた宝物

chapter 2

片づけやすい仕組みづくり

じゃあ
こっちは？
これも
いる…。
あ、これ
懐かしい…

いっしょに使うものは
近くにまとめると
とっても便利～！

「キレイに」なった部屋の実際は…

そうかしら〜 ゴチャゴチャ してるでしょ。
オホホ……
いつもより めちゃくちゃ キレイじゃん。
ボソッ
あはははは
ありがとう ございました〜。
部屋がキレイって ほめられたわ。 みんな、やれば できるじゃない！
あはは…
あれでいいの？
翌日…
さてと…。
ん？
ゴソゴソ
いつまで 閉じこめるの！
プン
セイトン こんなとこに！
まだある…
どこに戻そう？
とりあえずここに
セットが乱れたわ

だれもがわかるようにするのが仕組みづくりの要です

散らかる原因は、捜しにくく元に戻しにくいことにあります。せっかく頑張ってキレイにしても、すぐにグチャグチャ…というときは、わかりやすさを意識しましょう。家族がものを自分で出して自分で戻せると暮らしがグンと快適になります。

定位置を知っている？

家族みんなが使ったものを元の場所＝定位置に戻せたら，家は散らからないはずです。それぞれの定位置は戻しやすいところか，子どもは定位置を知っているかをチェックしましょう。

Point!

改めて見直してみると，そもそも定位置が決まっていない場合もあるわよ。すべてのものに定位置を決めることを意識しましょ。

片づけの目的を再確認しよう

「わかるようにする」ことと「見た目を整える」こと。片づけには２つの目的があります。片づけというと見た目を意識しがちですが，実は「わかるようにする」ことのほうが大切です。

わかるようにする

何がどこにあるのかを家族みんなが把握できるようにします。だれもがわかるようにすると，捜しものを減らせて，使ったあとは元に戻せるようになります。

はさみは
あそこだ。
はさみ
のり
ぺん
えんぴつ

見た目を整える

スッキリ見えるように隠したり，収納グッズの色や形をそろえたりすると見た目はキレイになります。ところが見た目優先で子どもにわかりにくければ，捜しものや出しっぱなしが増え，かえって散らかってしまいます。

はさみは…？

収納グッズの購入は慎重に

片づけようと思い立ったら，すてきな収納グッズを用意したくなりますが，そこは慎重になりましょう。どこにどのように収納すると使いやすいのか，必要なものはどのくらいのサイズなのかをじっくり考えるのが先です。

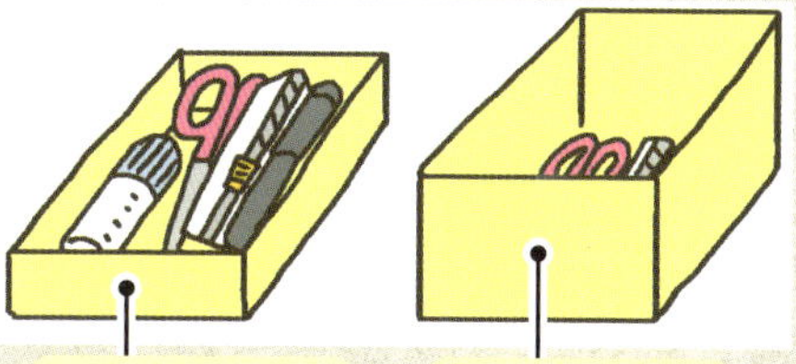

深さが合っていて取り出しやすい。

深すぎて取り出しづらい。

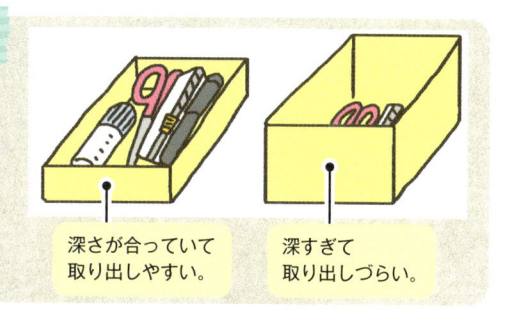

4ステップ

部屋をキレイにするための手順は，４段階に分けられます。前半で収納の仕組みを決め，後半でリセット作業をします。

今の暮らしに合わせて仕組みを整える

Step 1 必要なものと不要なものを見極める（整理）

３年生に
なったから…。
小さくて
着られない。
こくご

今あるものから，必要なものだけを選びます。これをしないと，不要なものを Step2 以降に含めることになり，収納スペースや収納グッズ代をロスしてしまいます。ものが増えてきたら，学期末や進級などの節目で見直しましょう。

もっとくわしく…P.54 ～

Step 2 使いやすい場所にしまう（収納）

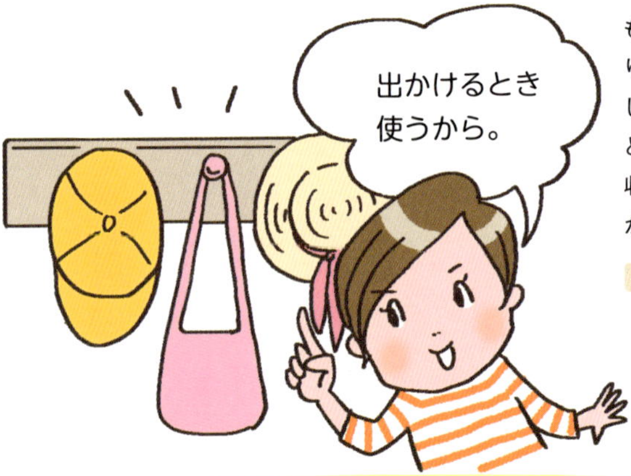
出かけるとき
使うから。

ものの住所＝定位置を決めます。わかりやすく，取り出しやすいように配置しましょう。ポイントは，家族全員にとって，わかりやすいかどうかです。収納場所の決め方や表示の仕方に工夫が必要となります。

もっとくわしく…P.62 ～

Step1 と Step2 の仕組みづくりが大切！
ここまで頑張れば，あとがすごーくラクよ！

日々のリセットが楽になる

Step 3 使ったものを定位置に戻す（片づけ）

普段口にしている「片づけて」は，実はこの Step3 のこと。そのため，それ以前の Step1 と Step2 を経ていないと「片づけて」が子どもにうまく伝わりません。

もっとくわしく…P.126～

Step 4 汚れを解消する（掃除）

Step3 までを行っていると掃除も短時間で簡単に終わります。応急処置的に Step4 だけを頑張っても，元の散らかった状態に戻ってしまいがちです。

もっとくわしく…P.126～

こんにちはー。
やだー
男子の部屋って汚ーい！
ぼくの部屋はキレイだよ。
今度ジュンくんち行きたーい！
ふふ…
よ～し、お二人さんレッツ整頓！
まずは、いらないものを捨てちゃいましょ！
マネ…？
ヘタ…
さあ！いらないものを分けよう！
…
…
全部いる～～！

えーー?
これは、もういらないでしょ?
いる…。
そう? じゃあこっちは?
これもいる…。
あ、これ懐かしい…
もう! こんなんじゃ減らないわよ。
だって、いるもん!
まだ遊ぶもん。
こんなのもう全然遊んでないじゃない。
あ、
大事だもん! ママ勝手に決めないでよ!
なによ
まあまあ。
ちょっと
ポカッ
わあっ
ダメ
ストーーーップ! 「いらない」じゃなく「使わない」ものを選ぼう。
だれよぅ!? なぐったの!?
あらセイトン
使わないって?

Step 1

今、使っているかどうかを判断の基準にしましょう

必要なものと不要なものとを分けるのは、大人にとっても難しいものです。「いるの?」「いらないでしょ?」と言うと、答えは全部「いる」になりがちです。「今、使っているかどうか」で考えられるように事実を確認する言葉をかけましょう。

ビクッ
いらないでしょっ
えーいるーっ

ぜーんぶ,
いるもん!

「いる」「いらない」は主観

「いる」「いらない」で分けようとすると，家族とケンカになりませんか？　お互いの主観ではなく，使っているかどうかの客観的な視点で考えましょう。

いらない派
いる派
いら
ない
い
る

Point!

自分のものより，ほかの人のものを不要と判断しがちということも，頭に入れておいてね。

使っているかを確かめる

ものを整理するときには，「使っている？」「使っていない？」と声をかけましょう。これは事実を確認するだけなので，親と子どもの認識にズレが生じません。

Point!

「今，使っているものが必要なもの」という意識を少しずつ身につけられるといいわね。

箱一つから始めよう

いざ整理しようとすると，あれもこれもと欲張りがちです。まずは，おもちゃ箱一つ，引き出し一つからスタートしましょう。「使っている」「使っていない」の観点で，ものを分けられるようになることが大切です。

Step 1

口出しせずに、子どもの判断を受け止めて！

いっしょに考えたり、助言したりするのは大切ですが、決めるのは子ども自身です。ときには、失敗することもあるでしょう。失敗を避けようとするのではなく、「じゃあ、これからどうしよう？」と寄り添い、自分で決める経験を積めるようにしましょう。

捨てていいの？
知らないよ。
わー
ん？

使ってない
から
いらない！

気になったら声かけを

子どもが「もう使ってないからいらない」と決めたものに親が戸惑うこともあります。そんなときは理由を聞いてみると，子どもの価値観や変化を知ることができます。

どうして
いらないの？
もうみんな，
使ってないし。
ちっちゃい子みたい。
もう
1年生
だよ
わたし

Point!

子どもの決断を疑問に思っても，頭ごなしに否定するような発言は避けましょうね。

もし失敗しても経験のうち

決めたあとに，子どもが失敗したと後悔することもあります。その気持ちに共感しながらフォローし，自分で考えて決めたプロセスを尊重しましょう。

やっぱり
捨てなきゃ良かった…。
そっか…。また使いたいって
思ったのかな？

Point!

「いらないって決めたでしょ」「仕方ないね」などの突き放すような言い方はNGよ。次回から決めることができなくなるかもしれないわ。

例外として一時的に保管

子どもがいらないと判断したものでも，親がどうしても不安になる場合は，様子を見るために例外的に一時保管しておきます。子どもが後悔していたら余計なことは言わずに「捨てるの，忘れちゃってた」と出しても良いでしょう。

捨て忘れちゃってて
まだあったわ。
ママ
うっかりー
テヘ♡
しまった…

ついつい心配で，子どもの決断に口を出したくなっちゃうわよね。
でも，見守る姿勢を忘れずに。
自分で決める経験を積み重ねていくことが大切よ！

使っていないものの行き先

使っていないからといって，ただ捨ててしまうのは抵抗があるものです。ものを大切にするという意味でも，それぞれに合った行き先を考えましょう。

取っておく

年下の子が使えそうなものは保管しておきます。その際は，厳選して使う時期になればわかるように収納することが不可欠です。

使ってくれる人にゆずる

親戚や友だちの弟妹などの小さな子，地域の園や児童館など，喜んで使ってもらえる先を探してみましょう。

売る

まだ使えるものは，リサイクルショップやアプリなどを利用するのも一案です。「売れたらラッキー」くらいの心づもりで。

処分する

壊れてしまったり行き先が見つからなかったりしたものは，感謝の気持ちとともに手放しましょう。

セイトンチェック！

わかっちゃいるけど
捨てられないもの

いただきものって
捨てにくいわ…。

プレゼントでもらった

高かったんだから，
もっと遊んで～。

高かったおもちゃ

まだとっても
キレイなのに…。

ちょっとしか着ていない

いつかやる気に
なる日が
来るかも！
Let's English
ABCD
脳を育てるパズル

興味をもってくれない

「もったいない」と取っておいても出番がないと，収納スペースと，それを見てモヤモヤする気持ちが「もったいない」わよ。

そこら中に潜むトラップ

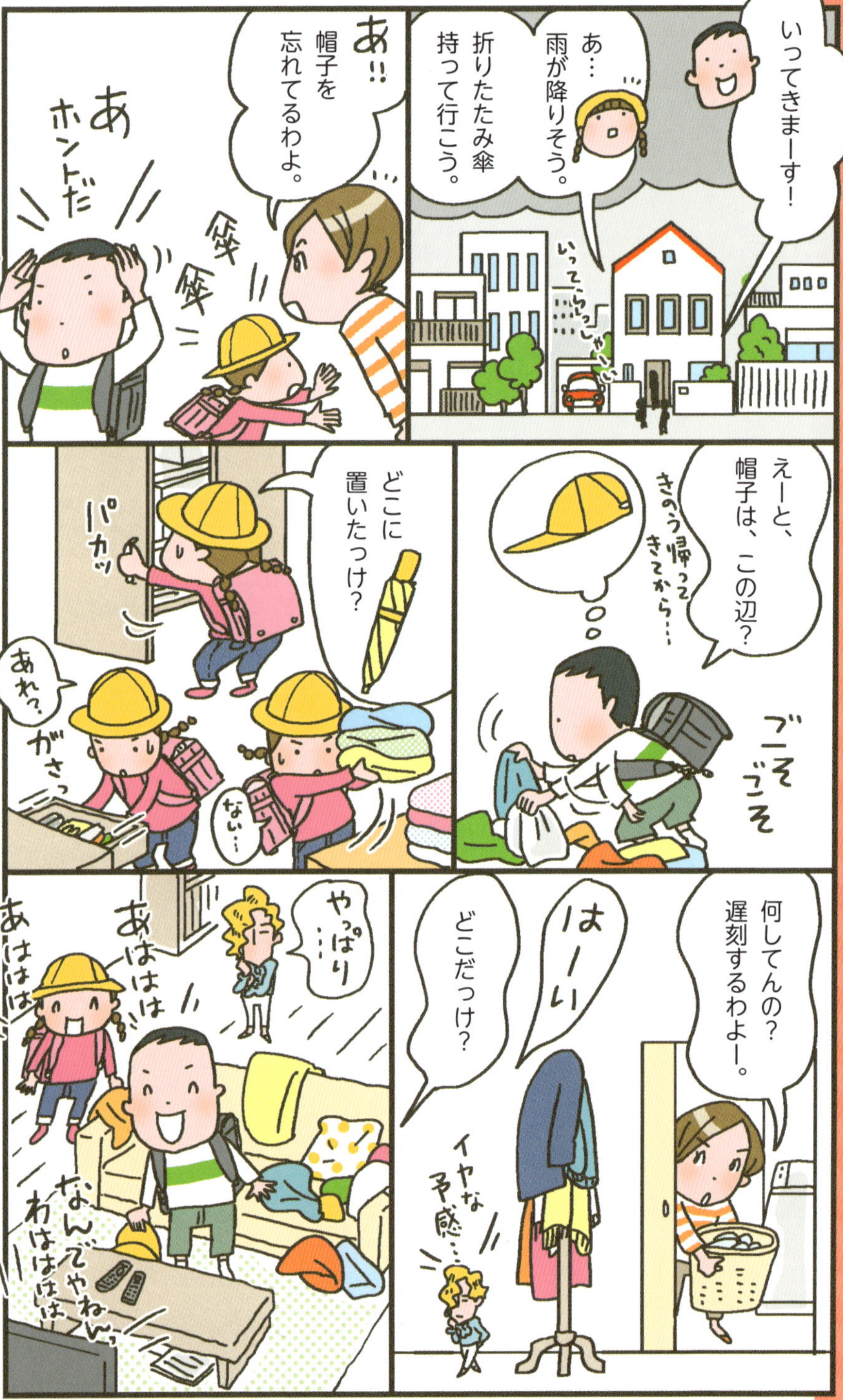

二人ともー、間に合わないわよ！
あ!!
傘!!
よしっ
あった。あった。
ありがとー
いっ
ジャンパーも着ていきなさい！
ここにあるから
はーい
いってきまーす
ぐらっ
いってらっしゃーい
どーん
ギャー
レッツ…
整頓！
大丈夫？
はい！
はい！

Step 2

よく使うものを便利な場所に取り出しやすく置くのがカギ

いちばん理想的な収納場所とはその場で取り出し、その場で使い、その場ですぐに戻せるところです。子どもにとって配置がわかりやすく、スムーズに取り出せるかどうかも見極めて決めましょう。

すぐに出せる！
ササッ

毎日使ってるもの何だろう？

よく使うものって，何？

すべてのものを便利で取り出しやすい場所に収納できれば良いのですが，スペースには限りがあります。よく使うものから優先的に，便利な場所に配置しましょう。

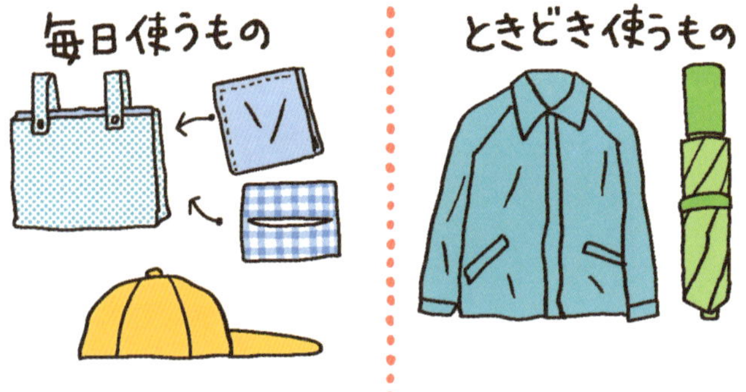
毎日使うもの
ときどき使うもの

Point!

どれをよく使うのかわかりにくいときは，「AとBなら，どっちをよく使う？」と具体的に比べて考えてみましょ。

便利な場所って，どこ？

どこが便利なのかを考えるには「距離」「高さ」などがポイントになります。これを押さえることで，生活のさまざまな場面の出し入れが効率的になり，ものが使いやすい配置になります。

距離を考慮する

同時に取り出したいものが点在していると，行ったり来たりしてロスが多くなります。その行動の場所付近に集めるようにしましょう。

Point!

使う場所としまう場所が遠いと，使うためには取りに行っても，戻すのが面倒で出しっぱなしになりがちよ。

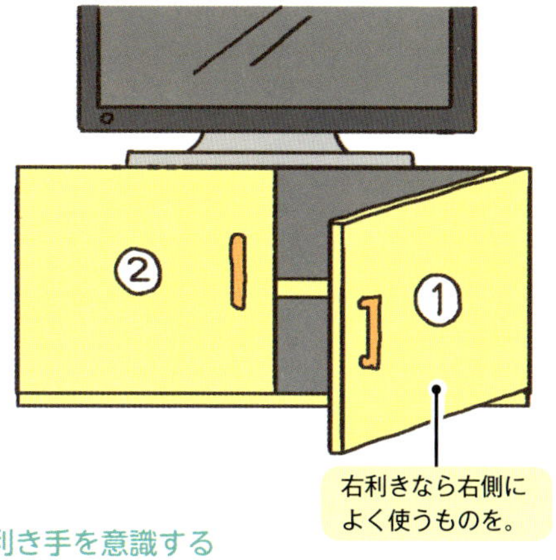

使いやすい高さ

いちばん便利なのは①目線の高さから腰の高さまで。②かがむ，③踏み台を使う場所の順で不便になります。引き出しは，腕の付け根よりも下が見やすく取り出しやすいです。身長に応じて便利な高さも変わります。

利き手を意識する

意外と見落としやすいのが利き手というポイント。扉を開け閉めしやすい利き手側にしまうのが便利です。扉の片側だけを開ければ取り出せるよう，ものが両側の扉をまたがないように置きましょう。

取り出しやすくしよう

「開けるのがめんどくさい」「重くて出しづらい」と自分から言ってくれれば良いのですが，子どもは意外とそのまま使っていることが多いものです。取り出す手間の数（＝アクション数）や力の入れ具合を見てチェックしましょう。

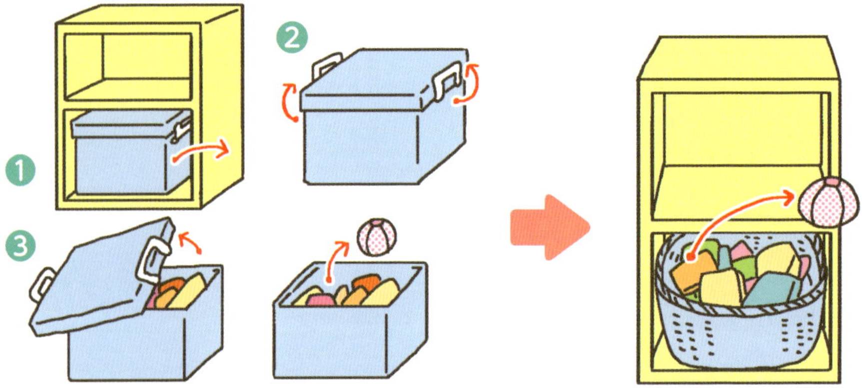

アクション数を減らす

出し入れのためのアクション数は，少ないほど便利です。ふたや扉を開け閉めする，留め具があるなどから減らせるものがないか見直しましょう。

Point!

アクション数ゼロは，いわゆる「出しっぱなし」の状態。よく使うものは厳選して，出しっぱなしにしましょ。

力が入れやすいかどうか

ラグなどの上にキャスターつきの引き出しがあると，沈んでしまい出しづらくなります。状況に応じてチェックしましょう。

Point!

引き出しの開け閉めなどは，子どもの力でスムーズに行えているかを確かめてね。

セイトンチェック！

便利な収納場所なのに…
こんなもの残ってない？

あら？
ピッチピチ

サイズアウトしたもの

真冬に
プールバッグ
置いてた…。
POOL

季節外れのもの

こくご2
さんすう2
レベル
1
2年生も，
レベル１も，
もう終わってたわ。

次の段階に進んだもの

下の子用のものや
思い出のものは
残しておきたい。
遠足の思い出

保管しておきたいもの

便利な収納場所は，「今」よく使っているもののための場所よ。
「もう使っていないもの」は，置かないようにしましょ！

Step 2

子どものテリトリーをはっきりさせましょう

どこが自分のスペースかわからないと、ものの管理もあいまいになりがちです。まずは、どこがだれの場所なのか「自分」「自分以外（きょうだい）」「共用」の区別をわかりやすく示すことが大切です。ルールを守る意識が芽生えます。

ここからが…
コロコロ
いやいや
そーじゃなくて

子どものスペースを決めよう

きょうだいがいる場合には，それぞれのスペースを明示しましょう。
「自分のテリトリー」をわかりやすくするのが大切です。

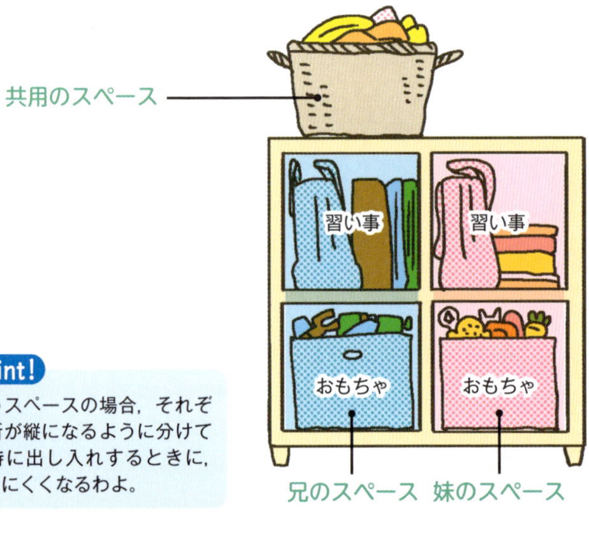

共用のスペース
習い事
習い事
おもちゃ
おもちゃ
兄のスペース
妹のスペース

ぼくの場所だよ！

Point!

隣り合うスペースの場合，それぞれの場所が縦になるように分けてね。同時に出し入れするときに，ぶつかりにくくなるわよ。

自分のスペースを管理させる

スペースをはっきりさせたら，「ここは，あなたのスペースだよ」と伝えましょう。「自分のテリトリー」という感覚が片づける意欲につながります。

義務と権利はセットで

子どもに自分の場所を管理させるのであれば，片づけ方は本人に任せましょう。自由にしても良いからこそ，キレイにしたい気持ちが生まれます。

自由が工夫につながる

自由に決められると，より使いやすくするために工夫をするようになります。

子どものスペースをいっしょにつくったら，
日々の管理はなるべく本人に任せましょうね。
あふれてきたら声をかけるぐらいにして，
子ども自身が維持するのを見守りましょ！

子どもたちも大きくなってものが増えたわね。
収納を考えないとなー。
あふれたものたち
収納小物コーナー
ということで家族で買い物に…
かわいい！
ナチュラル♡
便利そうだ。
いろいろあるなあ。
レッツ整頓！
…
わーい♡これにしよー
私はこれで♪
ちょっと！
それは….
ちょっと！ちょっと！
だーかーらーまずは…
これにしよ♪
なんでも入る♪
これふたつ
さぁ！片づけるわよ〜。

あれ？棚に入らない！
しかも重ねられない！
何かごちゃごちゃ…。
なにもかも入ってる…
ふたが閉まらない…。
はみ出てる
パパのはすごいぞ！
ほら！
それどこに置くのよ…。
ふたつも
あ…
何か前よりもあふれてない？
…
セイト～ン！
私の言うこときかないから…
レッツ整頓…
出られなくなっちゃった

Step 2

収納タイプの特徴に合わせ どんなグッズにしまうか決定！

子どものスペースが決まったら、「どんなふうに収納するか」を考えます。山のようにある収納グッズや家具…。どれを使って良いのやらと悩みますが、特徴としまい方のコツを覚えればぴったりの収納方法が見つかります。

どのタイプがぴったり？

タイプで考えて！

収納の３タイプ

「棚」タイプ

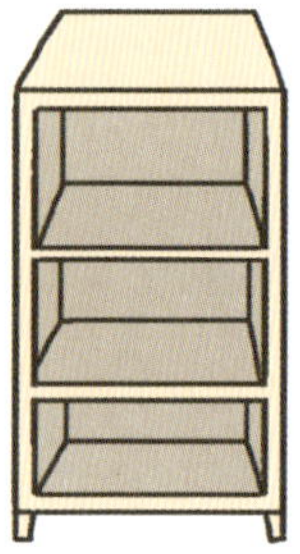

カラーボックス，本棚，スチールラック，押し入れ，キッチンの吊戸棚など。

「引き出し」タイプ

引き出し以外にも，かごや箱などは同じタイプに入ります。

「吊るす」タイプ

コートスタンドやハンガーバー，フック類です。

「棚」タイプ

棚は，手前から出し入れする収納スペースです。手前を移動しやすくまとめたり，奥に向かって同じものを並べたり，倒れない工夫をしたりすると使いやすくなります。

手前を動かしやすく

棚の奥行きが深い場合，手前のものを移動しやすくまとめると，後ろのものもすぐに取り出せます。

同じものを奥へと並べる

奥に向かって同じものを並べると，いちばん前だけで何があるかがわかり，ほかのものをよけずに出し入れできます。

お知らせ

自立させて収納する

プリントをファイルボックスに，鉛筆をペン立てに入れるなどして自立させると，「棚」タイプに収納できます。

手前があいているタイプが取り出しやすい。

倒れにくくする

薄い本や小さい本などは，いったんファイルボックスに入れたり，ブックエンドを使ったりします。

「引き出し」タイプ

上から出し入れする収納です。上から見て中身がわかりやすいかどうか，取り出しやすいかどうかを確認しましょう。

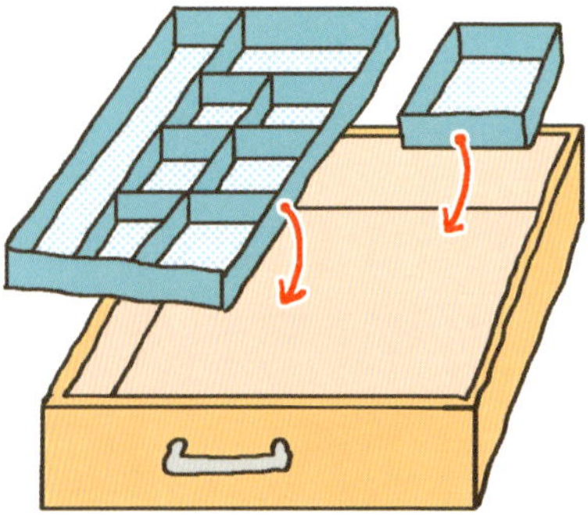

中を仕切る

入れるものに合わせて，トレーや箱で仕切り，ものが混ざってしまうのを防ぎます。

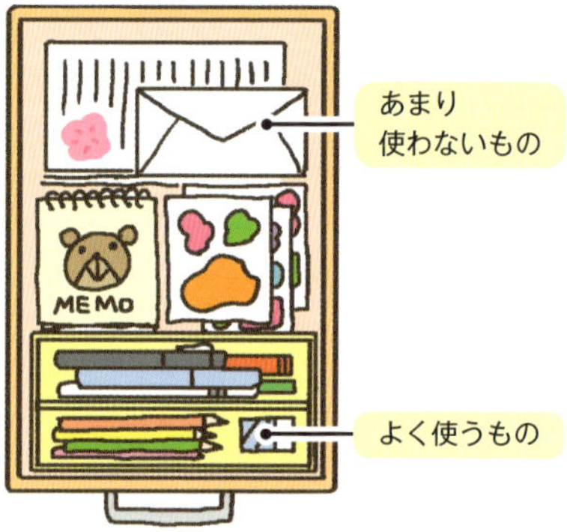

よく使うものを手前に

すぐに出せる手前がベストポジションです。手前から奥へと，使用頻度に合わせて並べていきましょう。

中身と容器の深さを合わせる

上下に重ねると下に何があるかわからなくなるため，立てる収納を心がけます。入れるものと容器の深さも合わせましょう。

細長いものは縦に

引き出しを途中まで開ければ中身がわかるように，細長いものは奥へ向かって縦に配置すると便利です。

「吊るす」タイプ

「吊るす」タイプは，棚や引き出しより出番が少ないですが，収納のない場所で空間を効率的に利用したい場合などに便利です。ただし，見える場所に増やしすぎると雑然としてしまうので，ご注意を。

手間を減らす

ハンガーにかける動作が苦手な子もいます。小学生のうちはフックに直接かける方法で OK としても良いでしょう。

重なりすぎないように

同じところに複数かけると，かけたり外したりがしづらくなります。1 フックに 1 アイテムを基本として，吊り下げすぎないようにしましょう。

収納，どうしようかなと悩んだら，
「3 つのうちのどのタイプにしたら
使いやすい？」と考えてみてね！
子どもが続けられるのはどれかしら？

あ！
見たいやつ！
○○ザ
ムービー
公開
メモメモ…。
あれ？
ペン
ペン…。
キョロ
キョロ
あ!!
では次の
話題です!
お出かけ～♡
あれ？
お気に入りの
ゴムがない。
部屋かな？
やっぱり
カチューシャ。
カチューシャ、
どこー？
時間がないー
二人とも
しまい方の
良いお手本が
あるよ。
こちらっ

よっと
小分け用ラッピング
レシピブック
クッキー・マフィンの型
これよ！
どれ？
クッキーの型？
本？
おかし作り
ガシッ
いっしょに使うものは近くにまとめるととっても便利〜！
メモ帳なら書くものと合わせておくの。
MEMO
ブラシとゴムやカチューシャをまとめるのはどう？
PIN
運命の相手を見つけるのよ！
ん〜…っ
私の？
おお〜!!

Step 2 使いやすいグルーピングを工夫しましょう

「グルーピング」を知っていますか？片づけでは、何かを行うときにいっしょに使うアイテムをまとめることを言います。まとめ方は、1種類とは限りません。「どうすれば便利になるか」を考え、組み合わせてみましょう。

お茶会セット集合!!
TEA

何と何が便利？

すぐに始められるように

何かをしようとするたびに，あちらこちらを捜したり，ものを取り出すのにウロウロしたり…。そんなときこそ，グルーピングの出番です。準備がスムーズに，戻すのもラクになります。

色鉛筆って
どこだっけ？
キョロ
キョロ
ぬりえ
ぬりえを
しよう！
ぬりえ
色えんぴつ

まとめ方いろいろ

アイテム別（同じジャンルのものを集める），目的別（何のために使うか），場所別（どこで使うか）など，家族の使い勝手に合わせて考えます。

アイテム別

1か所でしか使わず，ひとつにまとめても探しやすければ，同じ種類のものをまとめるとわかりやすいです。

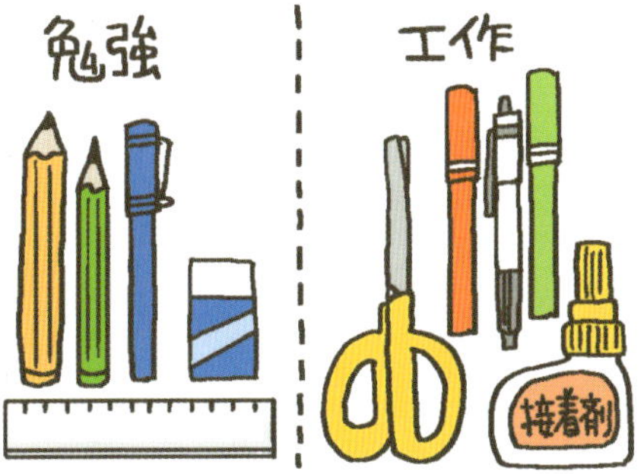

目的別

同じ場所で使うものでも，勉強に使うものと工作に使うものなど，目的に合わせて分けることもできます。

場所別

自分の部屋でもリビングでも使うもののように，複数の場所で使うものは場所ごとに分けましょう。

ものを増やすことも

整理整頓となると，ものを減らさないといけないと思いがちですが，グルーピングは生活に合わせてするもの。同じものを複数の場所でよく使うのであれば，追加するのもアリです。

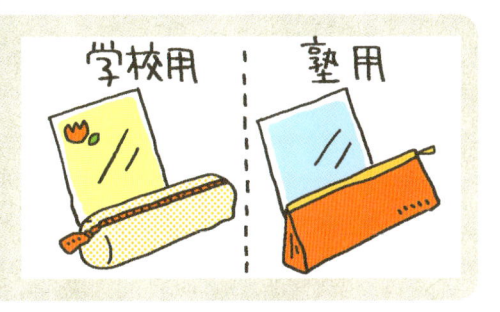

グループピング活用例

「これとこれは，よくいっしょに使っているな」という組み合わせを探しましょう。活用例をヒントに，その子ならでは，我が家ならではのグループピングを見つけてください。

登校セット

ティッシュやハンカチ，名札，帽子のように，登校するときに必要なものをまとめます。

習い事セット

習い事のものは，持って行くかばんにセットします。当日に準備するものはメモをつけて忘れないように。

レジャーセット

スキー用品なら，衣類や靴，小物で分類せずに，ウエアとブーツ，手袋，ゴーグルなどをまとめて保管しておきます。

別の場所と行き来するもの

本来のグループピングとは異なりますが，複数の場所で使うけれど数を増やせないものは，「移動するもの」というまとめ方でも。

こんなのも便利！

親のためのグルーピング

宿題を見るセット

慶弔関係セット

手渡しセット

荷造りセット

親のものも，いっしょに使うものをまとめておくと便利！
サッと取り出せて，サッとしまえるわよ。

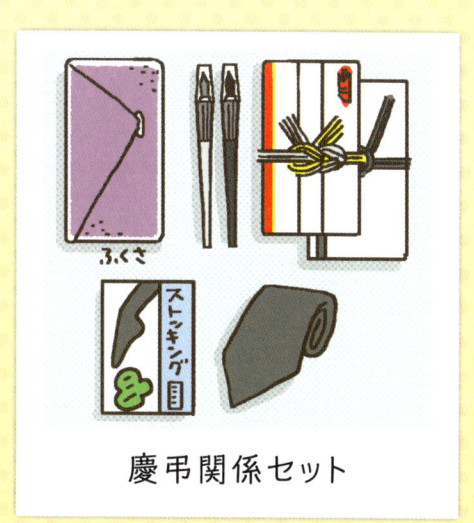

かっこよく描いてよ〜
30分後…
…
1時間後…
あらっ？
出しっぱなしよ〜。しまって。
片づけろよ！
お兄ちゃんのマンガでしょ。
美香も読んだだろ！
ペンは、お兄ちゃんがいっぱい使ったでしょ。
マンガも私より長く読んだでしょ。
じゃあ、もう貸さないから！
いいもーんだ！
二人で使ったんだから二人でいっしょに片づけなさい。

…
ちょっとー
並べ方が違う!
色の順にしてっ
ええ～?
細かいなぁ…。
ごちゃごちゃ
うわーっ
入れるところがない…。
順番通りに並んでないなんて信じられない。
なんで1巻のとなりに10巻なの!?
自分ではわかるからいいんだよ!
いーの!! そのままでもっ
よくないーー
またすぐ読むからっ
ちゃんと並べといてっ
細かいのと大ざっぱなのと…。
片づけはオーダーメードですよ!
ビシッ

Step 2

きっちり派？ざっくり派？どんなタイプでしょうか？

タイプが
違うのよね。

子どもによって向いている収納方法は違ってきます。
細かく分類してきちんと収納したいのか、
大ざっぱに分けてざっくり入れたいのか。
どんな方法が向いているのかは、
子どものタイプに合わせましょう。

きっちり派！
キリッ
いや
いや
いや
いや いや いや…

子どもの特性を観察しよう

年齢が上がれば細かく分けるのが得意になるとは限りません。大ざっぱなタイプは，細かい分類ではハードルが上がってしまい，元に戻しづらくなります。まずは，どんなタイプか見極めましょう。

めんどくさ！
広大に
向いてる？

Point!

親にとって片づけやすい，ほかの子にとって片づけやすい，その方法がその子にとっても片づけやすいとは限らないわよ！

きっちりタイプとざっくりタイプ

手順を踏むのが得意で細かく分類したい「きっちり派」。アクション数の少なさや表示のわかりやすさが大切な「ざっくり派」。タイプに応じた収納を心がけましょう。

きっちり派

色やジャンルごとに細かく区分けをして，組み合わせを選べるようにします。

Point!

分け方に応じてラベリング（⇒P.86～参照）もきちんとしておくと，より戻しやすくなるわね。

ざっくり派

服であれば，上に着るものと下にはくものなど，大まかな用途や大きさで分けます。戻しやすさを考慮しましょう。

Point!

できるだけ簡単な方法で，片づけを続けやすくすることが大切よ。表示も，パッと見てわかるものがオススメ！

「この歳だったら…」と年齢を基準にしたり，
「きょうだいで同じ」と考えたりせず，
その子自身の特性に寄り添って
ぴったりの収納方法をいっしょに見つけてね！

お兄ちゃん、
これどこにしまうの？
それはあっち。
あの子たちも
頑張ってるわ…。
よし！
これは？
それ押し入れ
しまって
しまって
入れて
入れて
じゃーん
スッキリ
インテリア～！
スッキリ
まっしろ
すごーい！
スッキリして
気持ちいいでしょ～。
インテリア雑誌みたいでしょ♪
でも…。
見た目は
良いけど…。
ん？
え～と…
もしもし？

ママー
はさみどこ？
あの2段目の引き出しよ。
その横
あった
ママー
お絵描き帳は？
印鑑は？
それはあっち。
それはあっち。
こっち？
あった
靴下は？
あっち
おはしは？
そっち
ペンは？
早く早く
MEMO
メモ帳は？
あっち
つ、疲れる…。
場所がわかんないんじゃ意味ないわね。
セイトングッジョブ！
ぐっ…

Step 2

子どもにわかりやすい表示をしていますか？

「○○って、どこにあるの？」
「そこの引き出しにあるわよ」
「どの引き出しー？」
そんなやりとりが多くないですか？
家族のだれもが、目で見て
ものの場所がわかるようにしましょう。

バラはどっちにある？
同じ？

ラベリングをやってみよう

ものがどこにあるかの表示方法は，「わかりやすい」ことが何より重要です。すでにラベリングを行っている場合も，使う人みんながわかる表示になっているかチェックしてみましょう。

鉛筆
PENCIL
えんぴつ

Point!

文字で表示する場合，漢字は子どもが読めるものかどうかなど，子どもに意見を聞いてみてね。

どこにあるの？って聞かないで。

ラベリングのバリエーション

表示は，写真やイラストを使う，きょうだいで色分けするなど，子どもと相談しながら見分けやすい方法を決めましょう。

写真やイラストを貼る

中に入っているものの写真やイラストを貼ると，ひと目でわかります。イラストは子どもが描いてもよいでしょう。

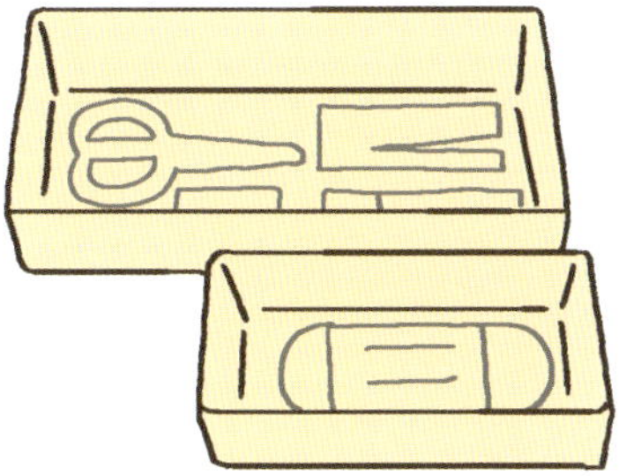

形で示す

箱の内側などに，収納するものの形を描いておくと，戻す場所が一目瞭然で，定位置がはっきり伝わります。

教科ごとに色を変える

教科別にノートとクリアファイルやポケットファイルの色をそろえると，迷わずにファイルにプリントをしまえます。

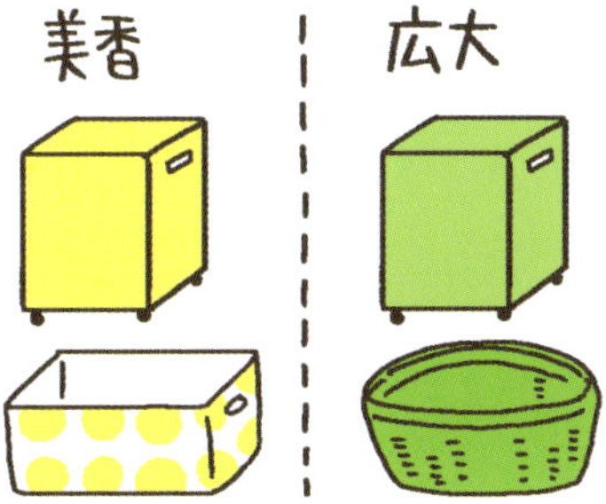

きょうだいで色分け

きょうだいで各自の色を決めておくと，収納グッズの形が違っていても，どちらのものかがわかりやすくなります。

イラスト？　文字？
表示方法も子どもに合わせてね。
わかりやすいかどうか，子どもに確認を！

セイトン名ゼリフ集

chapter 1～2の内容を心に響く私の名ゼリフで振り返るわよ。大切なこと，思い出してみて！

子どもとの関わり方…P.23

片づけは，親（家事をする人）には
「自分ごと」でも，子どもには「他人ごと」。
親に言われて仕方なく…ではなく，
子どもが「自分ごと」に思えるように
親がどう関われるのか考えましょ！

子どもが片づける気になるには？…P.25

子どもは
メリットが
好きなのさ。

成長に応じる…P.37

子どもの成長は，個人差がとても大きいもの。
周りの子とではなく，過去のその子自身と比べることで
ちょっとした成長にも気づけるわよ！
子どもの自尊心を大切にしながら，
できないことを上手にサポートしていきましょ！

子ども自身が決める…P. 57

ついつい心配で，子どもの決断に
口を出したくなっちゃうわよね。
でも，見守る姿勢を忘れずに。
自分で決める経験を
積み重ねていくことが大切よ！

ぴったりの収納方法…P. 73

収納，どうしようかなと悩んだら，
「３つのうちのどのタイプにしたら
使いやすい？」と考えてみてね！
子どもが続けられるのはどれかしら？

グルーピングしてみよう…P. 75

運命の相手を
見つけるのよ！

特性に合わせる…P. 81

片づけはオーダーメードですよ！

chapter 3では，具体的な仕組みづくりの
アイデアを紹介するわよ。私についてきて！

みんなが気になる セイトンの 秘密大公開！

髪形
いつも同じスタイルをキープすることに，並々ならぬ情熱を注いでいる。

顔
チャームポイントは，神秘的な瞳と，気高い鼻と，セクシーな口と…。

バラ
サッと取り出せるように常備。バラ農家から直送してもらっているとか。

服装
水色のフリルがよりいっそう魅力を引き立てている！と，信じている。

基本情報

本　名

田中整一郎（意外に堅い）

年　齢

30歳（気持ちは20代…）

好きなもの

キレイでロマンチックなもの

苦手なもの

ゴチャゴチャしたもの

理想のタイプ

ご想像にお任せするわ♡

子どもの頃

物心ついた頃から今の髪形。大切なバラのコレクションを片づけていなかったために親に捨てられてしまった悲しい出来事から，美意識ある片づけに目覚める。

chapter 3

仕組みづくりアイデア

よしっ
バンッ
デキる男になる
お手本になれるかな？
アタシ？
キリッ
セイトンパイセン！よろしくです！
よーし♡
レッツ整頓！
タンッ
くるくる
スタッ
レッツせいとんっ
どうしちゃったのよ…。
？
オーッ
まずは、宿題だ！
はーい
レッツ宿題！
よくわかんないけど宿題やってくれるなら何でもいいわ。
おやつでも差し入れるか♡
助かるー♫

取りにくい…。
どさっ
置けない…。
セイトンパイセーン！
まずは机をレッツ整頓☆
仕分けから始めるわよ！
教科書は…。
こっち！
プリントは…。
はいこっち！
サッ
サッ
サッ
これは…？
ねえ、これってどうやって遊ぶの？
前から気になってて…
カード
これはこうやって…。
キャッキャッ
おもしろーい♡
お二人さん…。

勉強に取りかかりやすい、そんな環境づくりとは？

子どもが勉強机に向かったものの、
リビングで宿題を始めようとしたものの、
気がつけば別のことをしている…。
必要なものだけをすぐに準備できて
気が散らず、勉強にスムーズに取り組める、
そんな環境づくりを工夫しましょう。

まずは仕分けをしよう

学校のもの，学校以外の勉強のもの，勉強に関係ないものに分けるところからスタートしましょう。その上で，今は使っていない不要なものを取り除くと，整理が効率的に進みます。

学校のもの

教科書，ノート，筆記用具などの勉強道具と，リコーダーや給食袋のような学校に関するもの。

学校以外の勉強のもの

学習塾の教材，自宅学習用のドリル，学校に持って行かない文房具など。

勉強に関係ないもの

おもちゃや，文房具でもレターセットのような勉強には使わないもの。

勉強机の特徴に合わせて配置しよう

勉強机は，収納のタイプで言うと「棚」タイプと「引き出し」タイプが組み合わさっています。どこに何を収納すると便利なのか，特徴に応じて子どもと相談しながら決めましょう。

上の棚

便利な場所ですが，子どもの身長によっては届かないので，ものを取りやすいかどうか確認しましょう。

目の前の棚

便利な場所なので，毎日使うものを優先的に置きます。

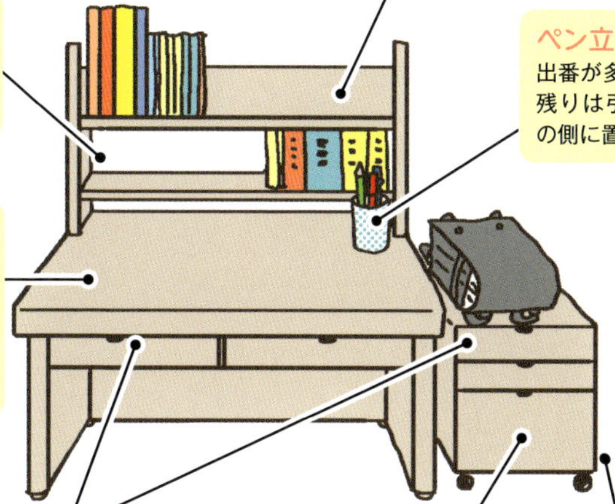

ペン立て

出番が多い数本を入れたら，残りは引き出しに。利き手の側に置くと便利です。

天板の上

いろいろなものを置きすぎてしまいがちです。ここは作業の場なので，なるべくスッキリさせましょう。

浅い引き出し

浅い引き出しは，文房具や細々としたものを入れるのにぴったり。おなかの前は，座ったまま使うには意外に不便なところなので，ひんぱんに使うものを入れるのは避けます。子どもといっしょに何をどこに入れるのかを考えましょう。

深い引き出し

小さなものを入れると探しづらくなります。引き出しの深さに合ったものを入れます。

そで机

机の横に出すと，ランドセル置き場としても使えるようになります。ランドセルは，開口部が手前になるよう寝かせて置くと，ものの出し入れがスムーズです。

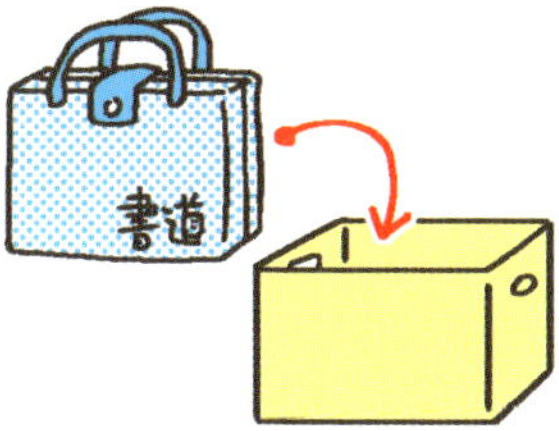

別の場所

書道道具や絵の具セットなどは，勉強机とは別の場所にまとめます。

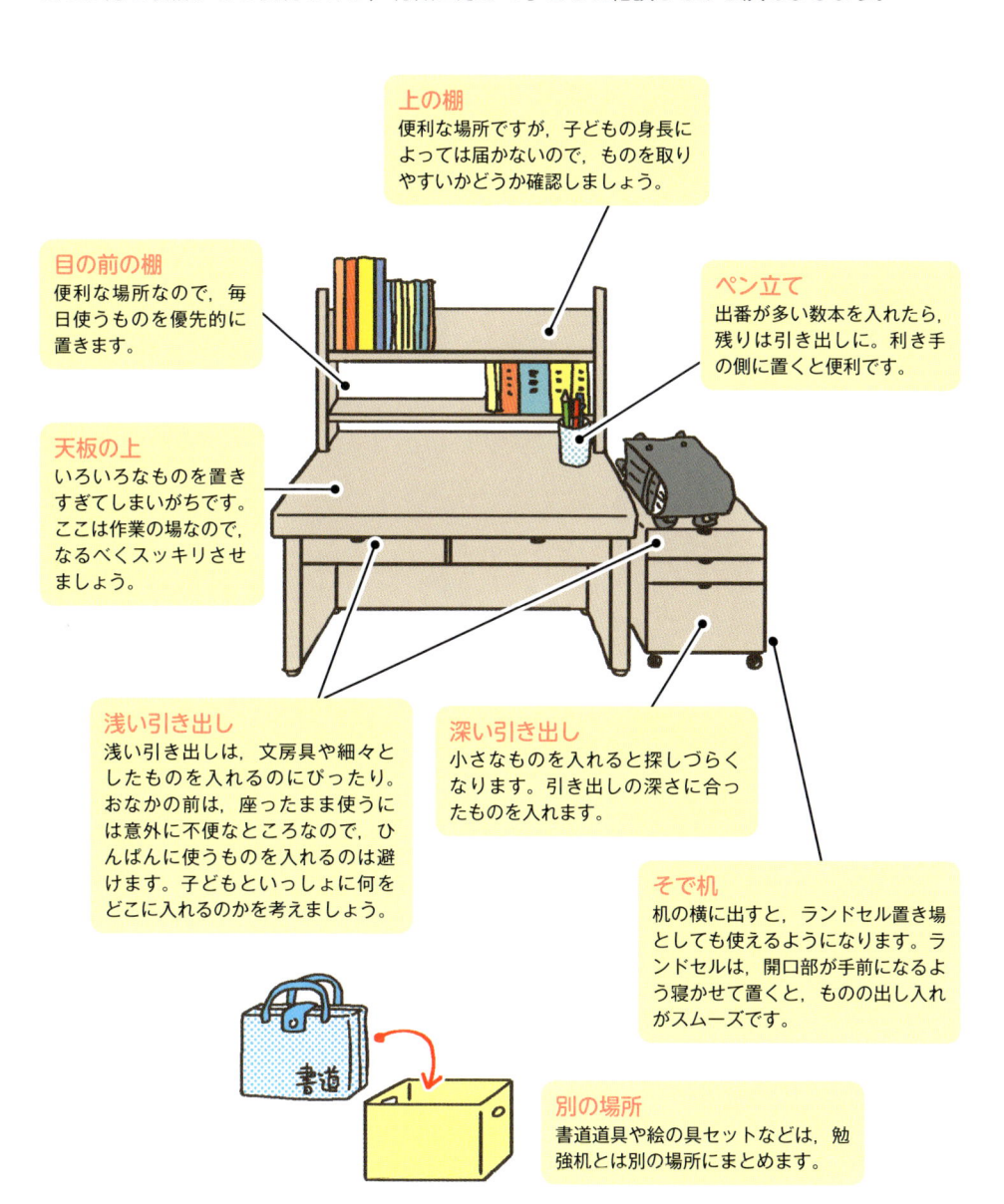

リビング学習は切り替えやすい環境に

「あれがない，これがない」「食事になっても片づかない…」。リビング学習につきものの悩みは，勉強道具を移動しやすくし，勉強とそれ以外を切り替えやすくして解消しましょう。

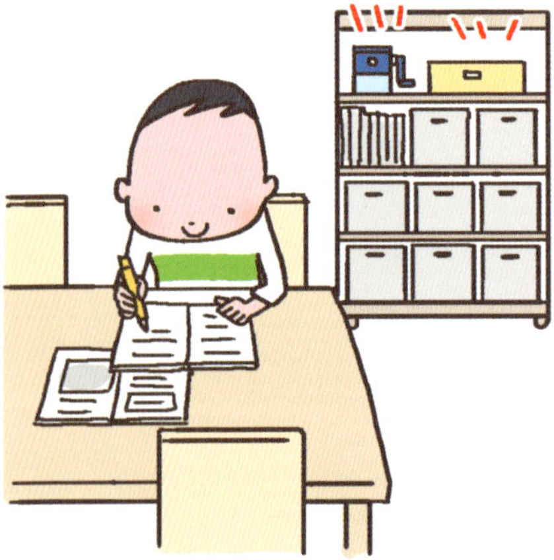

必要なものを近くに置く

勉強中に子ども部屋と往復しなくてすむよう，近くに鉛筆削りなど必要なものをまとめて置くスペースを設けます。

セットにして持ち運ぶ

ファイルボックスなどに，教科書類や筆記用具などの学習で使うものを入れて持ち運びます。

一時置き場を用意する

まだ勉強が終わっていないけれど，食事の時間などでいったん片づけたいときのための一時的な置き場所を用意します。

Point!

途中までやりかけているものは，平積みのほうが表紙が見えてわかりやすいわよ。

親のサポートが必要なときもある

勉強のための環境を子どもが自分から意識して整えるのは難しいものです。子どもが取り組む様子を見ながら，ときには親が環境づくりへの提案をしても良いでしょう。

勉強に集中できている？

実際に子どもが勉強に集中できていない様子が見受けられれば，その原因を考えてアドバイスをするようにします。

Point!

勉強机は子どものプライベートな空間だから，いきなりアドバイスをせずに様子を見てから提案しましょ！

学用品はいっしょにチェック

筆箱に短すぎる鉛筆や小さすぎる消しゴム，連絡袋にぐちゃぐちゃのプリント…なんてこともあります。いっしょに見て，使いやすく整えましょう。

Point!

子どもが自分でチェックする気になるよう，使いやすさを実感できるといいわね。

相手の気持ちになってみて

言ってくれれば
ぼくだって…。
ゲフッ
「こちらが言わなくても
わかって〜」って
思うものなのよ。
でもそれって
難しいわよね。
シロウトには。
ねー
アハ♡
まずは
よく観察してみると
いいわよ♡
片づけだって
同じよ。
片づけも?
パパもどうぞ
ども
どんな遊び方をしてるの
だろう、
どう収納したら
遊びやすいかな…って
考えてみるの。
ふむ
そっか〜。
あーん
ん?
パクッ
あはは…
そろそろ
おなか回りを
気にしないとね。
パパの様子を
観察して
みたの♡
ポッコリ
おいしー♪

どうやって遊ぶかに合わせて、使いやすさを追求しましょう

おもちゃは、ゲームやブロック、おままごと、ビーズ、パズル…と形や大きさ、遊び方も多種多様です。何にしまうのか、どんな分類にするのか、そのおもちゃを遊びやすくするのに最適な片づけ方を探してみましょう。

おもちゃって
いろいろよね。

ビーズは色で
選びたい！

どうやって遊んでいる？

同じおもちゃでも遊び方はいろいろです。たとえばカードゲームなら，絵柄を並べ替えて遊ぶ？　コレクションとして眺める？　外にも持って行く？　など，様子を観察しましょう。

ほおー
並べ替えて
遊ぶのね。

Point!

遊び方がわからなかったら，子どもに聞いてみてね。きっと喜んで説明してくれるわよ。そのまま収納方法も相談できればベスト！

種類で分けるのが基本

おもちゃは，気がつくと増えていることが多いもの。スペースを決めて種類ごとに収納します。取り出しやすいようにアクション数を少なくし，探しやすいかどうかを考えましょう。

小さいものなら浅い収納，大きいものなら深さがある収納といったように，おもちゃの大きさと収納の深さを対応させると，探しやすくなります。

Point!

種類ごとにスペースを決めておくと，あふれたら量を見直す時期と気づけるようになるわね。

子どもがわかりやすい分類に

どこまで細かく分類すれば良いか…。子どもなりの基準を尊重しましょう。細かくしすぎると見つけにくくなったり，分類にこだわりすぎると元に戻しづらくなったりします。

Point!

遊んでいる様子を見ながら，どんなふうに分けるとそのおもちゃにピッタリなのか，いっしょに考えてみましょ。

おもちゃ別収納アイデア

おもちゃの種類別に，遊びやすく収納しやすいアイデアを紹介します。細かいパーツがあるものは，なくなりにくく，かつすぐに取り出せるように整理しましょう。

カード類

ファイルに入れる

コレクションするものは，たくさんポケットのあるファイルなどを活用します。コレクタータイプの男の子におすすめです。

束ねる

順番を並べ替えて遊ぶものは，入れ替えやすいようにゴムで束ねておきます。外に持って行くこともあるなら，かばんなどを近くに置いておきましょう。

ゲーム類

充電場所に片づける

充電の必要なものは，いっそ充電の場所をそのまま定位置にしましょう。充電器にネームタグをつけて，どのゲームのものかわかるようにすると便利です。

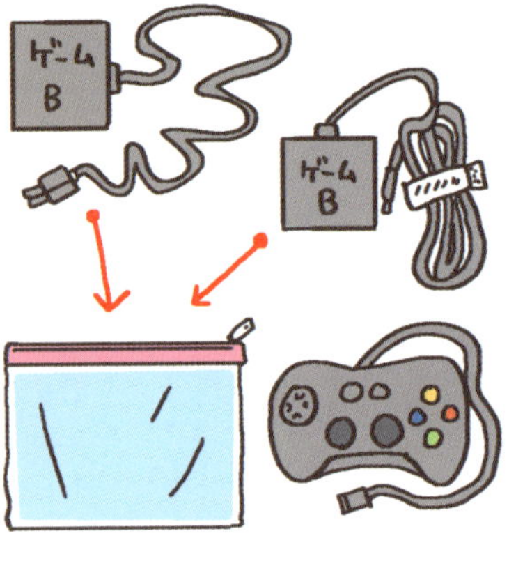

まとめて袋で保管する

コントローラーやケーブル類の付属品があるものは，ファスナーつきの袋に入れます。からまりやすいコード類は，ゴムや面ファスナーでまとめておきましょう。

パズル

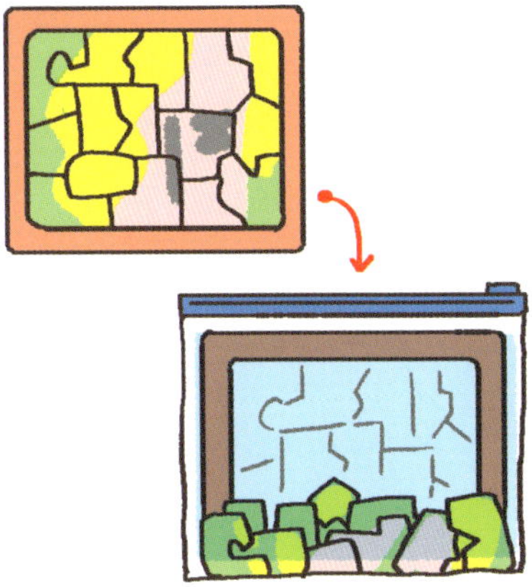

閉じられるものに入れる

ジグソーパズルは，大きなタイプのファスナーつき保存袋などに入れます。ファスナーで閉じることで密閉できるので，ピースの紛失が防げます。

紙　類

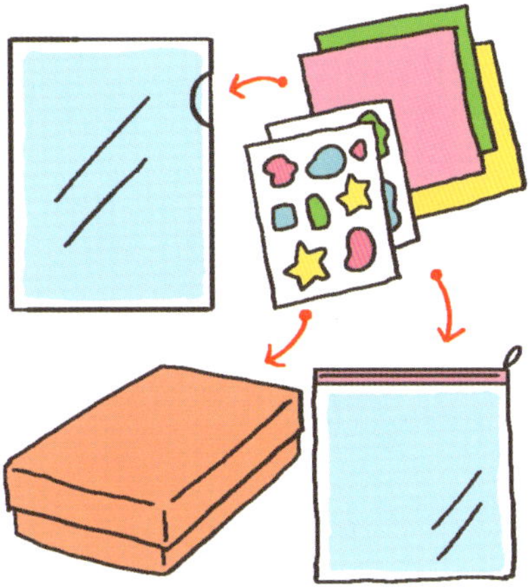

出し入れしやすくする

シールや折り紙などの紙類には，クリアファイル，ふたつきの箱，ファスナーつきの袋などが便利です。

ビーズ類

細かく分ける

細かく仕切りがあるタイプがおすすめです。色別に分けられて，取り出しやすい深さの入れものに入れます。

ままごと類

持ち運びしやすくする

リビングなどでも遊ぶおもちゃは，持ち運びしやすい収納アイテムに入れます。重ねられるタイプや，引き出しだけ個々に外せるタイプが便利です。

ひと工夫で，もっと遊びやすく

ちょっとした工夫をするだけで，遊びやすくなったり片づけやすくなったりします。「どうすれば遊びやすくなるかな，片づけやすくなるかな」と考え，アイデアを探ってみましょう。

レジャーシートの上に広げる

パーツの多いブロックはレジャーシートの上で遊ぶと，スペースの目安になり，遊び終わったときにパーツを集めやすく，片づける時間を短縮できます。レジャーシートは，無地がおすすめです。

書類をいっしょにしまう

ブロックの組み立て方の冊子など，遊ぶときに必要なものは，おもちゃといっしょに保管します。説明書や保証書などの子どもが使わない書類は，大人が別の場所で管理します。

楽しく片づけられるように

電車のおもちゃなら車庫のような見た目になっているなど，片づけるところまでが遊びになる工夫があると，子どもが自発的に片づけられる助けになります。

SNSを活用しても

片づけ方で悩んでいるおもちゃがあるときは，「困っているアイテム名　収納　画像」で検索してみると，ピンポイントで調べられます。SNSで閲覧できるアイデアは，おもちゃの量を比べた上で，参考にしましょう。

遊びかけのものは，どうする？

子どもは夢中になって遊んでいると，どんどんスペースを広げたり，途中でやめられなくなったりするものです。気持ちをうまく切り替えられる工夫をしましょう。

ブロックは
ここまでね。
はーい

スペースや時間を決めておく

遊び始めるときに，あらかじめ「ここまで」「夕飯になるまで」のように，場所や時間を決めておきます。

写真を撮って区切りにする

ブロックなど，壊して元に戻すのを嫌がることもあるでしょう。そんなときは，写真を撮って残すのも一案です。

壊したくない…。
じゃあ，
写真を
撮ろうか？

Point!

壊したくないという子どもの思いに応えることで，子どもも気持ちを切り替えやすくなるのよ。

遊びかけのものを一時的に置いてOKのスペースを用意してもいいわね。

行方不明のプリントを捜せ!

バサッ
ぺらり
どこよ?
ぺらーり
ないわよ~。
そんなぁ~!
ねーねーこれ?
ママさん…
ここに…。
ピラ
参観日のお知らせ
0月0日 0:00~
あ…
ママだって、お片づけできてないじゃん!
じゃないっ
ぐ…
ちなみにこれも…。
しわしわほうれん草
うわっしわしわ
がくーん…

増える一方で管理しきれないプリント対策は、これ！

学校だけでなく、塾や習い事でももらってくるプリントの数々。整理を後回しにすると、あっという間にプリントの山ができてしまいます。すぐに必要な情報が見つけられるようにプリント整理のコツを押さえましょう。

すぐに仕分ける

プリントを手にしたときは，まず仕分けましょう。その場で仕分けることで管理するプリントの量を減らせます。

- □ 読まずに捨てる
- □ 読んでから捨てる
- □ 短期保管する
- □ 長期保管する
- □ 返信などが必要

Point!

プリント整理の第一段階として，あとで使うかどうかを考えて，保管するのか処分するのか見極めましょ。

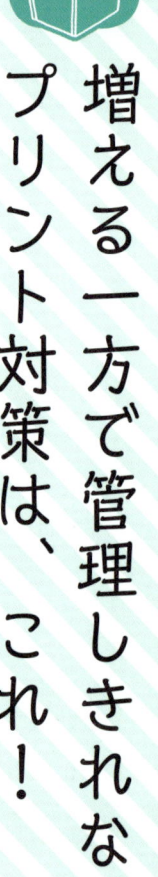

短期保管と長期保管

プリントには，一定の時期が過ぎたら処分できる「短期保管」のものと，年間を通して保管しておきたい「長期保管」のものがあります。それぞれに合った方法で管理しましょう。

短期保管

各月の予定，懇談会や運動会などの行事のお知らせなど，短期スケジュール関係のプリントです。

出し入れしやすく

期間が過ぎたら処分できて，入れ替えがひんぱんな短期保管の書類は，出し入れのしやすさを優先してクリアファイルに保管します。

長期保管

年間予定，連絡網などの名簿，学校の決まりなどです。年度末あるいは卒業まで必要なものもあります。

見返せるように探しやすく

ときどき見返すことのある長期保管の書類には，該当のプリントを探しやすいポケットタイプのファイルが便利です。

「至急」だけは分ける

処分するか保管するか，どう保管するのか仕分ける時間がないこともあります。そんなときでも，返信が必要な「至急」のプリントだけは，そのまま重ねてしまわず別にしましょう。残りは「未処理」としておき，時間があるときに仕分けます。

「短期保管」の分類が大切！

予定を確認したり，行事の持ちものを調べたり，プリントの出番は多くあります。「短期保管」のプリントをさらに分類することで，サッと該当のプリントが見つけられるようにしましょう。

「大枠」はボードなどに貼り出す

「大枠」とは，「いつ，何があるか」がわかるレベルのプリント（該当月の予定表など）のこと。子どものものに限らず，自治会や設備点検などの予定も併せて掲示します。

Point!

自分に関するものの書類も貼っておくことで，予定を把握しやすくなるわね。

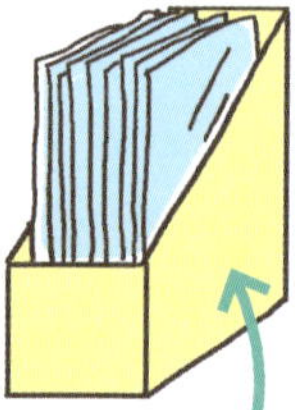

「細かい内容」は，分類してボックスファイルに

子どもごとに学校や習い事別にしたり，「スケジュール」「保留中」などに分類したクリアファイルに書類を入れ，ボックスファイルにまとめます。クリアファイルは，きょうだいで色分けするとわかりやすいです。

参加の可否や日程の希望など，返信が必要なものを入れます。

「何時から，どこで，持ちもの」などがわかる詳細な内容のプリントを入れます。人ごとで分けずに，一つにまとめたほうがうっかりを防げます。

行くかどうか迷っているものなど検討中のものを分けておきます。

プリントがあふれないための習慣

日々の整理を心がけていても，たまってしまいがちなのがプリント特有の悩みです。ときどきチェックすることで，プリントがあふれないようにしましょう。

定期的に入れ替える

新しいプリントが配られたら，古いものを処分しつつ交換しましょう。上に重ねると，たまっていってしまいます。

学期末・年度末に見直す

長期保管のプリントをそのままにせず，学期末や年度末などの節目に要不要を判断して処分しましょう。

保管用のスペースに移す

記念に取っておきたいテストや作文などのプリントは，書類コーナーには置かずに保管用の場所に分けておきます。

Point!

思い出として取っておきたいプリント類は，工作や絵などの作品（⇒P.116～参照）と同じように扱いましょ。

学習系のものはどうする？

宿題やドリル，テストの答案などは，間違いを見直したら処分してOKです。復習用に取っておきたい場合は，専用のファイルに保管しておきます。子どもの様子を見て，見返していないようなら処分しても良いでしょう。

プリントを制する者は、スケジュールを制す!?

プリントは、紙そのものの管理よりも、記された情報の管理こそ重要です。たくさんのプリントの中から必要な情報を抜き出し、スムーズにスケジュール管理をしてイベントへの準備ができるようにしましょう。

お弁当って
いつだっけ…。

プリントから予定を抜き出す

プリントから親にも関係している予定を抜き出して，カレンダーや手帳に書き写します。

ふむふむ
5

Point!

「プリントを手にする→予定を書き写す」を習慣化しておくと安心ね。

うっかりを
防げるわよ。

スケジュールに合わせて情報をピックアップ

お弁当がいるのはいつ？　買わないといけないもののサイズは？　外出先で知りたくなる情報もあります。携帯電話に記録したり画像で保存したりして，工夫してみましょう。

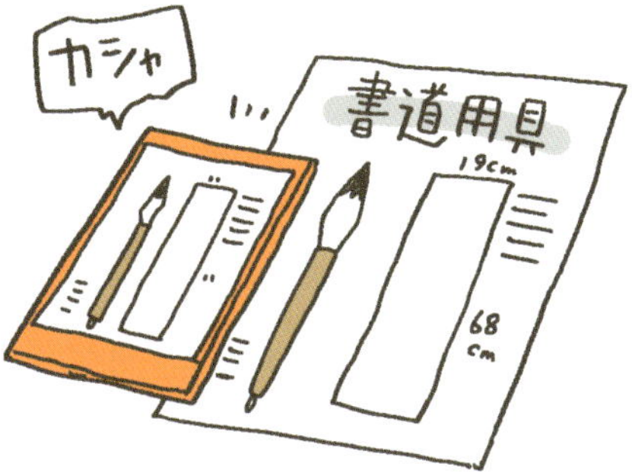

携帯電話に入力する

行事のとき，学期末など，普段はいらないお弁当が必要なこともあります。買い物に対応できるように日付を控えておくと便利です。

携帯電話に画像を保存

学用品には，細かな種類やサイズの指定がある場合もあります。プリントを携帯電話で撮影しておくと，買い物時に確認できます。

返信はすぐが基本

個人面談などの希望日を返信するものは，時間をおくと忘れがちです。予定の確認が必要な場合は，忘れないよう「至急」扱いにしましょう。

Point!

どの日付で返信したのかも控えておきましょ。

予定を共有しよう

オンラインでスケジュールを管理できるカレンダーやアプリなどもあります。予定を入力したりプリントの画像を保存したりすることで，家族間で予定を共有することもできます。我が家のスタイルに合ったものを活用しましょう。

う〜ん…。
ガラッ
どうしたの?
広大
これ、どうしようかなって。
こうだい
懐かしいね!
これは広大が初めて描いた絵。
初めてのぼく。
思い出の品は…。
「ぱぱ」って書けてないし♪
あはは
広大
これは広大の力作よねー。
これ好き
そうそう♪
美香はひげを濃く描くんだよなぁ。
思い出の品は…。
これも懐かしい〜!
見てこれー
思い出の品は…。

しかし…
確かに多すぎるなぁ。
でしょ?
広大(ようちえん)
美香
美香(ようちえん)
広大(小1)
そのうえ、新メンバー加入で…。
今年度分
広大
減らすしかないかぁ。
だから…。
えー！子どもたちの作品は捨てたくないわ。
節分のオニ
そんなときは…。
あっ!!
ロボット
もっと広い家に引っ越せばいいのよ！
壁面全部収納！
だーかーら
え…
思い出の品は、量を決めて保管する!!
美香がつくったかんむり
セイトンいたんだ。
え?

思い出深い子どもの作品は、ルールを決めて保管を

子どものいる家で片づかないものの一つが絵や工作などの作品です。一生懸命作ったものは大事にしたいけれどどんどん増えていくばかりだし、立体的でかさばるものが多いのも悩みの種。そんな作品とのつき合い方を紹介します。

もう入らない…。
広太作品

全部は取っておけない

家庭でのお絵描きや折り紙に始まり，園や学校でも作品は増え続けます。全部保管するのは現実的ではないので，定期的に保管か処分かの判断をしましょう。

大作だね…。
どーしよー…
どうぶったちの
もり

減らしにくいんだよな。

Point!

スペースには限りがあるもの。ぜーんぶ取っておいてあげないと，と考えなくても OK よ。

写真に撮って残す

作品は持ち帰ったときがいちばんキレイな状態なので，そのタイミングを逃さず，いつも作品の写真を撮る習慣をつけましょう。子どもといっしょに写せば成長の記念にもなります。

Point!

かさのある工作などは特に保管しづらいので，写真にして保存したいわね。

見返せる形にしよう

撮影した作品の写真は，「広大　小３作品」といったフォルダに分けてデータを管理します。撮りっぱなしではなく，見返して楽しめる方法を工夫しましょう。

Point!

年度末などの区切りに，作品の写真を集めてフォトブックを作るのもおすすめよ。

量を決めて保管する

作品そのものを残したい場合は，あらかじめ決めたスペースに入る分だけにします。どのくらいのスペースならOKかを示した上で，子どもとどれを残すのか相談しましょう。

どのくらいのスペースか示す

目に見える形で保管できる量を示すことで，子どもも自分で取捨選択できるようになります。

自分のもの全体で考える

作品をたくさん取っておきたいのか，おもちゃスペースが多いほうが良いのかなど，子ども自身が自分の所有物全体を見通した上で決められるようにしましょう。

厳選して飾ろう

子どもが喜ぶようであれば，作品を飾るスペースを用意しても良いでしょう。「3点まで」「ここに入るだけ」と数やスペースを限定して飾ると，子どもが自分で考えて，次の作品に交換できるようになります。

子どもとのコミュニケーションツールに

作品は子どもの成長を感じられる思い出の品ですが，子どもとのコミュニケーションのきっかけになるものでもあります。家族で話題にしたり，子どもに作ったときの気持ちはどんなだったかなどと聞いたりしてみましょう。

葉っぱの
選び方が
すてきね！
ほぉー

Point!

子どもは何であれ，作っている最中がいちばん楽しいものよ。思い出としての作品を残すことだけにとらわれず，子どもと楽しい気持ちを共有することを大切にしてね。

親のために取っておく

子どもの作品の中には，子どもは「捨てていい」と言っているのに，親が「捨てたくない」と思うものもあります。そんなときは，「親にとって大切なもの」として，自分のスペースに保管するようにしましょう。

額に入れて
飾るぞ！

作品は増え続けるものとしてとらえ，
厳選して残しましょ。
「今」の子どもと家族の暮らしを
心地よくすることをいちばんに考えてね！

チェック一覧

小学校の年度末は，子どもがたくさん荷物を持ち帰ります。処分するものと保管するものに仕分け，スッキリさせて新しい春を迎えましょう。

学年ごとにチェック！

教科書	保管 2年間使うもので，まだ次年度に使うもの。 処分 学年が終わったもの。 ※地図帳などの資料集は復習に使えるので，取っておいても良い。
ノート	処分 学年が終わったノートは処分。新しい学年のノートは，マス目の大きさや罫線の幅などの仕様を確認してから購入しよう。
プリント	処分 保護者向けのものは，該当学年が終わったら処分。学習プリントは，見直しが終わったら処分を基本にする。 ※良い点をとれたテストの答案用紙，観察記録などの絵を描いたものなど，記念のものは残しても。
名札・帽子	処分 1年生だけ着用など，学校によって異なるので確認した上で処分する。
体操着・上履き	処分 サイズを確認し，小さくなったものは処分して買い替える。
思い出の品 （⇒ P.116 ～参照）	保管 作品や文集，成績表や表彰状などの思い出の品は，その子らしいと感じられるものを，子どもと相談して厳選した上で保管する。 処分 写真を撮ったり，スキャンをしたりしてデータ化してから処分しても OK。

保存版 年度末の持ちもの

卒業時にチェック！

鍵盤ハーモニカ リコーダー	処分　鍵盤ハーモニカは小学校でしか使わないので処分。寄付を受け付けている団体もあり。 処分　小学校ではソプラノリコーダー，中学校ではアルトリコーダーを使用するところが多いので，処分してOK。 ※学校によっては，合奏で使用する中学校もあるので，確認してから処分しても良い。
防災頭巾	保管　家庭用の防災用品として活用してもOK。
絵の具セット 習字セット 裁縫セット 彫刻刀	保管　中学校でも，中身を買い足したりしながら使うことが多いため，入学後しばらくは様子を見る。家庭で使い道があるものは，そのまま活用しても。
ランドセル	処分するか，海外などに寄付をするか，思い出として保管しておくか，親子で相談しよう。

年度末は整理をするチャンス到来よ～

どんどん増えていく，学校関係のもの。
どれを保管したら良いの？って迷うわよね。
この一覧を参考に，チェックしてみて！

※ 処分してOKか不安な場合は，学校に確認しましょう。

家の中の**仕組み**をチェック！

- □ プリントが積み重なっている →P.106～
- □ どこに戻すかわからないものがある →P.84～
- □ おもちゃの部品がなくなる →P.98～
- □ 使っていない収納グッズがある →P.68～
- □ 勉強道具で食事の準備がしづらい →P.92～
- □ 去年の教科書がそのまま残っている →P.52～
- □ 出発前に部屋と玄関を往復する →P.60～ →P.74～
- □ 持ち帰った作品がそのまま置いてある →P.114～
- □ 使っていないものが増えている →P.52～
- □ よく踏み台を使ってものを取り出す →P.60～

チェックが入ったところは，
そのページに戻って確認してみてね。
ぜーんぶを一気にやろうとせず，
1か所ずつ見直してみましょ！

chapter 4

片づけを習慣化するコツ

せっかくキレイになったのに〜。
まあまあ。
ぬっ

それに応じて、仕組みもアップデートが必要よ。
UP
見直した仕組み
今の仕組み
なるほど

おしゃれなのは、一瞬？

お部屋がキレイになったわ〜。
シンプルスッキリなリビング
ダイニングテーブルには季節のお花を
人気ブロガーのお部屋みたいじゃない♡
1時間後…
あれ？
あれあれ？
せっかくキレイになったのに〜。
まあまあ。
ぬっ
おしゃれな部屋ってあこがれるけど、写真は動いてないでしょ。
生活感ないっていうの？

これは1か所だけを切り取った静止画なの。
お家はもっと広いし、暮らしは動いているのよ。
元に戻しやすくなっていれば、OKよ！
その格好どうしたの？
じゃあ、私忙しいから！
セイトンありがと
あとでね～
そっか静止画ね…。
そうだ
30分後…
セイトン今日の晩ごはんはどうするんだろ？
ON
セイトーン
ん？何？
ぐっぐっ
ちょ…
その部屋…。
ちらかってない？
やだあっ
終わったら片づけるわよ！

Step 3

Step 4

キレイな部屋の基本は、使ったら元に戻すこと

子どもが片づけられる仕組みをつくったから部屋がとってもキレイになった！

そう思っても、ものを元に戻したり掃除をしたりしなければ、キレイはキープできません。

散らかっている状態にリバウンドしないよう、コツを押さえておきましょう。

どこに戻すか
わかるように
なった！
どこかって？

日々のメンテナンスは続く

部屋をキレイにする4ステップ（⇒ P.50 〜参照）のうち，Step3の「元に戻す」とStep4の「掃除をする」は，日々の暮らしに欠かせないものです。継続的に行うようにしましょう。

Step 3 使ったものを定位置に戻す

ココです
カード

Step 4 汚れを解消する

キレイを
キープ
しましょ！

片づけるタイミングを決めて共有しよう

家族のみんなで無理なく取り組むには，片づけるタイミングを決めておくと良いでしょう。そうすることで，自然に意識できるようになり，生活の一部として習慣化しやすくなります。

もうすぐ
ごはんよ
そろそろ
片づけよう。

- **食事の前**
  →気持ちよく食事ができる。
- **寝る前**
  →翌日のスタートが快適になる。
- **出かける前**
  →帰ってきて，ホッとできる。
- **おやつなどの前**
  →楽しみのためなら片づけやすい。

Point!

定着したらだんだんタイミングを増やしていくなど，無理のないように進めましょ！

タイミングが決まっていると，
いつも「片づけて」って
言わなくてもいいわね。

気づかいも大切に

「自分のものは自分で片づける」のが家族の基本ルールです。しかし，相手の様子を見て，ときにはあえて見逃す，あえて代わりに片づけてあげるのも，家族としての思いやりでしょう。

今日は
代わりに。
…
マンガ
マンガ

Step 3

Step 4

無理なく続けるためには、「8割片づけ」が合言葉

毎日毎日，
全部は
大変…。

来客向けの「MAX片づけ」を毎日求めると、自分も家族も疲れてしまいます…。
普段は、ちょっとゆるい「8割片づけ」で家族の暮らしを優先させましょう。
「8割片づけ」を続けていると、いざというときに、すぐキレイにできます。

いつ
お客さんが来ても
大丈夫なように！
よっしゃー！
フン
そんなにお客さん来てたかしら？

「MAX片づけ」って必要？

ずっとキレイで散らかっていない部屋が理想的ですが，子どもとの暮らしでその理想をかなえようとすると，いつも片づけに追われることになってしまいます。

MAX片づけ
いつも
これ！

いつもは
無理よ～

Point!

「MAX片づけ」が必要な来客は，事前に予定がわかっていることが多いわね。それに合わせて計画的に行いましょ。

「8割片づけ」がおすすめ

毎日使うもの，その時期に夢中になっているものは，使う場所に置いたままでも良いなど，その子に応じた「8割片づけ」があります。子どもと相談してみましょう。

リビング

明日も
使うから。
熱中している
おもちゃ
ゲーム

使う場所に置く

「MAX 片づけ」では子ども部屋まで戻すものも，「8割片づけ」では使う部屋に置いたり，出したままにしたりしても OK にします。

リビング

今日の
宿題は…。

平日は OK とする

平日はリビングにランドセルを置いても良しの「8割片づけ」とします。週末には，自分の部屋のラックなど所定の場所に戻します。

9割？　それとも7割？　どのくらいまでが
OK なのかは，家族によっていろいろよね。
自分や家族が続けやすいように，
「我が家にぴったり」の片づけを見つけてね！

見直しをお忘れなきよう

テキストをしまう場所を増やそうか?
使わなくなったもの、ない?
ある!!
コレこどもっぽいんだよねー
子どもも少しずつ大人になっているのね。
さみしくもありうれしくもあり
ちょっと見てみる?
♪米楽テレビ♪
うーん…
え? 中学生の広大?
やだかわいー♡
趣味は将棋!
お兄ちゃんやる?。
将
そっちに行くの~。
でもなんかわかる
あ! セイトンは?
ちょっと見てみよっ♪
えー♡
どうかな~?
くねくね
え!?
ちょい悪《ワル》~!?
!!
ヒゲ!?
レッツ整頓!
20XX年 月X日

Step 1

Step 2

暮らしと家族の変化に応じて仕組みの見直しを

いったん仕組みができたら安心！　ではなく暮らしが変わると、仕組みの見直しが必要な箇所が出てきます。
使わなくなったものがないかな？
片づけやすい場所が変わっていないかな？
仕組みのチェックをしてみましょう。

ものが増えた？

片づかなくなってきたら…

何だか片づかなくなったなと思ったら，見直しのタイミングです。もう一度，Step1 から始めてみましょう。ものはどんどん増えるので，改めて必要かどうかチェックします。

あれ？
入れにくい…。
ぎゅっ
ぎゅう

Point!

一つ買ったら一つ減らすというほど厳密でなくても，ものが増えて出し入れが不便になってきたら見直しましょ！

仕組みを
チェック
してね！

見直しが必要なのは，どんなとき？

成長や進学など，子どもに変化があると，それまではぴったりだった定位置や収納方法が合わなくなることがあります。見直してみましょう。

進級や入学で環境が変わる

学年が上がると，教材やプリントが増えたり，制服が必要になったりします。遊ぶものも変わり，使わないものが出てきます。

テキストなどの
種類や数が増える。

遊ぶものの
種類が変わる。

背が高くなったり好みが変わったり

サイズが変わったり，種類が増えたりするものがあります。収納スペースが合っているかチェックしましょう。

服の好みが変わったり，
丈が長くなったりする。

お気に入りの色や
テイストが変わる。

Step1 から見直すなんて大変…と
思わないで！
合わなくなったところだけを
最低限見直せば OK よ！

家族と相談しながら変更しよう

家族に言わないまま，突然収納を変えていませんか？　良かれと思って変更しても，相手に伝わらなければ逆効果のこともあります。相談したり意見を聞いたりすることが大切です。

Point!

子ども自身が「使いやすくなる」というメリットを理解できれば，収納方法の変更もスムーズね。

成長に応じた収納の変え方

いちばん便利な場所に置くべきものは何か，手が届く高さはどこまでか，わかりやすい表示方法はどんなものかなど，その時期の子どもに応じて変えていきましょう。

〈小学生〉

ゼロアクションで取り出せるところにランドセルを置く。

ラベルは，イラストや写真でわかりやすく。

棚は，手が届きやすい低いものにする。

〈中学生〉

テキストが増えるので，棚スペースを増やす。

制服や丈の長い服を吊るせるスペースを用意する。

かばんは重いので，下に置く。

子どもの成長に伴う変化に合わせて
収納の仕組みを変えていきましょ。
うまくアップデートができれば，
キレイのキープにつながるわよ！

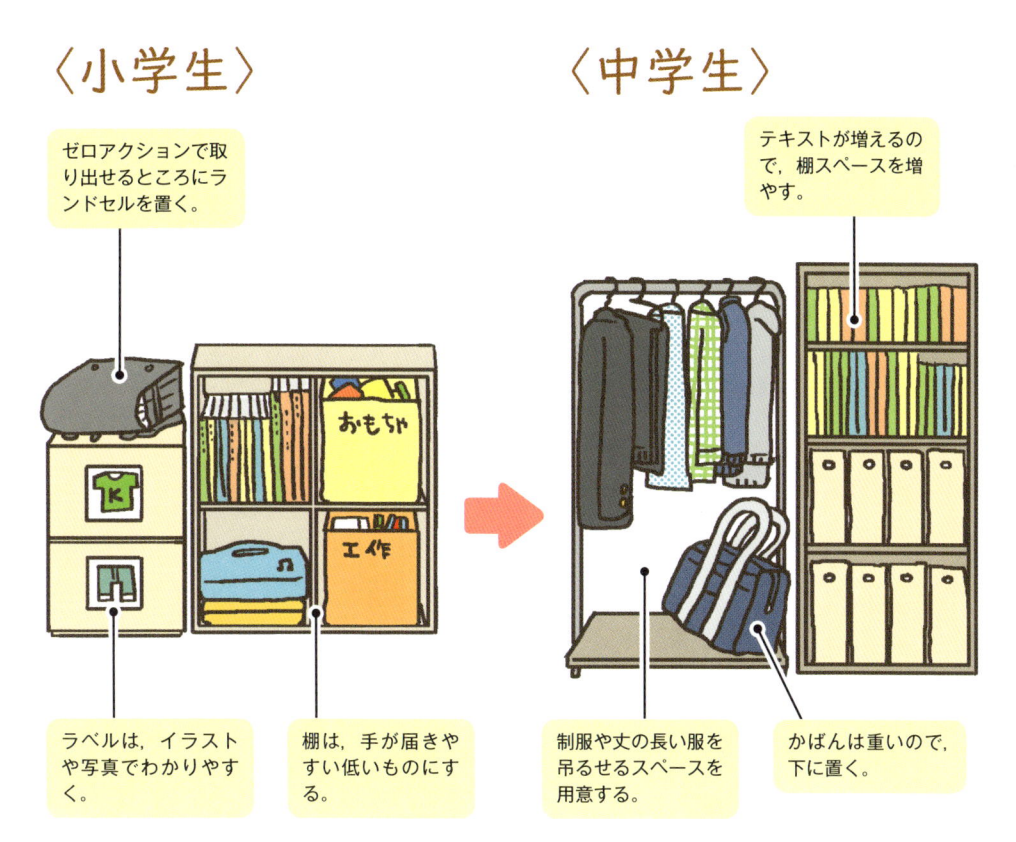

子どもの小さな変化に目を向けて日々の頑張りを応援しましょう

言わなくても片づけてほしいと子どもに望んでいても、いきなりはできません。ましてや、片づけ大好き！　片づけ得意！　という子どもには、ならないものです。子どもを見守りながら声をかけ続けて片づけが習慣化することを目指しましょう。

やってる…
ゲーム

なかなかできないのが普通

片づけは，なかなか定着しないもの。少しずつ身につけば OK と考え，見守りましょう。何かを片づけられたら，小さな変化を見逃さず声をかけましょう。

言わなくても
やってよね！
う〜ん…
できるように
なってきたかな？
そうそう

あせらず，
あせらず！

根気強い声かけが重要

子どもが自分から片づけるようになるには，「片づけ＝自分ごと」の意識づけが大切です。場面に合わせた声かけで，この意識を養いましょう。

考えなくても動ける

タイミングを意識する

よく気づいたね

自分のことは自分で工夫する

工夫できるようになったね

片づけは少しずつ身につくものよ。
成長段階に合った声かけを続けていきましょ！

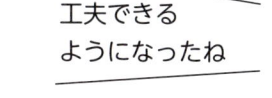

数か月後…
それにしても…
セイトンとのお別れは、突然だったわね…。
次のお家に行かなくちゃ。
そろそろお別れね。
チャオ♡
ママのコロッケなごりおしいけど
えー!?
!!!
パイセン!!
そんなの聞いてないよ。
寂しいよ~。
みんなに伝えることは、伝えたし。
私って人気者だから~。
ピロリーン
ピロリーン
この通り…
みんなのセイトンなのよ。
うちの子たち片づけられません イライラMAX!!
えーとその場合は…
学校のプリントどうすれば…
捨てるとケンカになります。使ってないのに!
子どもの作品がいっぱい!! どうすればいいですか?
ピロリーン
ピロリーン
ピロリーン

ほら、これがあれば大丈夫よ。
関わり方
仕組みづくり
本当に行っちゃうの〜。
セイトンパイセーン
やっぱインパクトあるな…。
これ作ったの
あと、これも。
飾ってね♡
すこしずつでもすすんでる
セイトン!
なにコレ
ん?
これも、プレゼントするわ。
ママどーぞ♡
サプライズローズ♫
すこしずつでもすすんでる
セイトン
こんなに…。
じゃあね〜♫
サイン入りだ
関わり方
仕組みづくり
もう行っちゃうの!?

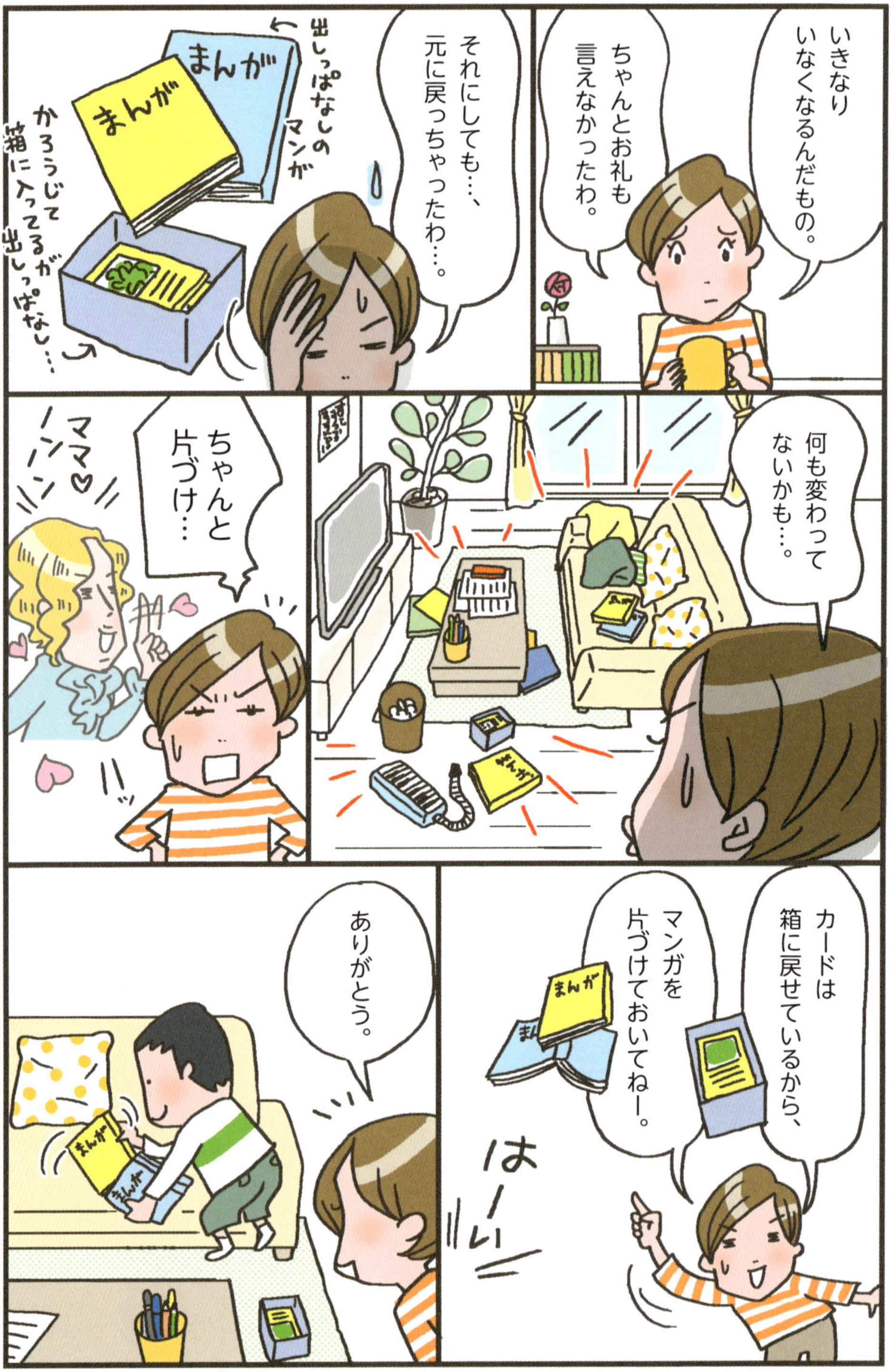
いきなりいなくなるんだもの。
ちゃんとお礼も言えなかったわ。
それにしても…、元に戻っちゃったわ…。
出しっぱなしのマンガ
まんが
まんが
かろうじて箱に入ってるが出しっぱなし…
何も変わってないかも…。
ちゃんと片づけ…
ママ♡
ハッ
カードは箱に戻せているから、
マンガを片づけておいてねー。
まんが
はーい
ありがとう。
まんが

片づけてって言えば
戻せるようになったから、
変わってない
わけでもないか。
おっとっとっ
……
ソファの上の
これは洗濯機に
入れといて
はーい
だーかーらー
片づけてーーっ
ズボッ
仕組みづくり
関わり方
ふふ…
広大が
片づけるように
なるなんて…。
コーヒー
どうぞ
パパ♪
広大が変わったのも、
セイトンのおかげよね。
いちばん
変わったのは、
ママかも。
ママ
聞いてーー!!

さっき お兄ちゃんとね…
うん うん
どうした？
ママ！ 今、洗濯機のとこで お財布見つけた！
えー？ 見せて
あ!!
今でも散らかってる ことはあるし、
パパの財布だ 捜してたんだよ
パパは 相変わらずね
えー
自分から元に戻さない こともあるけれど、
ボクがソファのもの 片づけたから 見つけたんだよ～
ママに 言われた からだろっ
イライラするのは 減ったかも。
あははは
こらー広大～ 返してっ
Seiton
セイトン、 ありがとう。
ジ―――……
Seiton

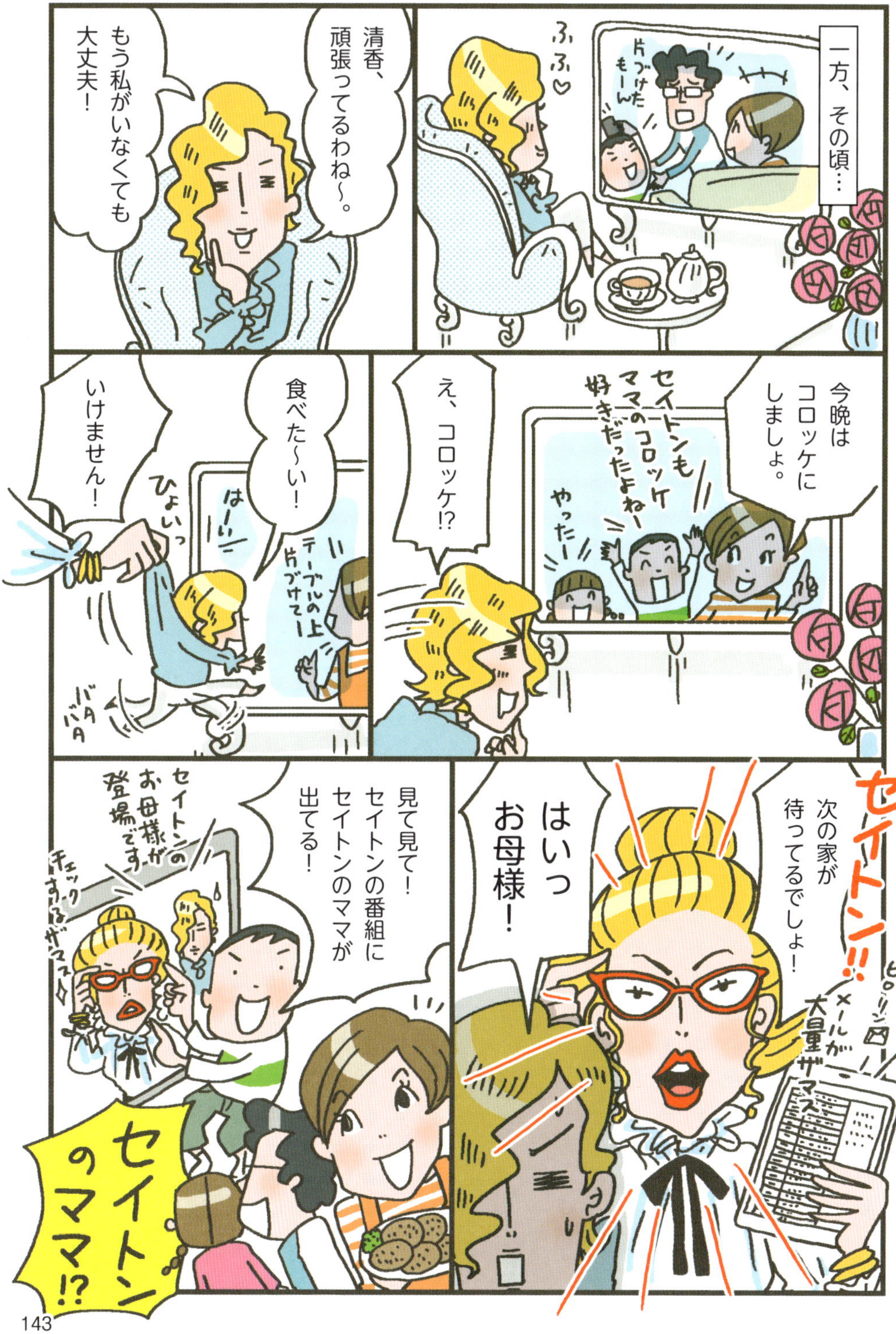
一方、その頃…
片づけたもーん
ふふ♡
清香、頑張ってるわね〜。
もう私がいなくても大丈夫!
今晩はコロッケにしましょ。
セイトンもママのコロッケ好きだったよね〜
やったー
え、コロッケ!?
テーブルの上片づけて
はーい
食べた〜い!
ひょいっ
いけません!
バタバタ
セイトン!!
次の家が待ってるでしょ!
ピロリン
メールが大量ザマス
はいっお母様!
見て見て!セイトンの番組にセイトンのママが出てる!
セイトンのお母様が登場です
チェックするザマス
セイトンのママ!?

監修者プロフィール

橋口真樹子
Makiko Hashiguchi

一般社団法人 親・子の片づけ（ファミ片《かた》）教育研究所 理事。
大学卒業後，外資系企業人事部にて採用・研修業務に従事。
育児休職中に夫の米国留学が確定，夫婦で退職。2歳の娘を連れたアメリカ生活で「いつもキレイ」と片づけのアドバイスを求められ，帰国後に整理収納アドバイザーの資格を取得し起業。「親子の片づけバトルは仕組みづくりと良いコミュニケーションで解決」をモットーに，主婦・ママ目線の講演会やお片づけサービス，整理収納アドバイザーの育成など，多岐にわたって活動。2014年にアドバイザー仲間と一般社団法人 親・子の片づけ教育研究所を設立，家族をリードできる「親・子の片づけインストラクター」認定講座を展開。

●著書：「ひと声かければ5分で片づく！　子どものお片づけ」（青月社）

●オフィシャルサイト「幸せな毎日のための整理力」：
http://seiri-ryoku.jugem.jp/

●一般社団法人 親・子の片づけ教育研究所ホームページ：
http://oyako-katazuke-edu.jp/